D0896642

LEARN DUTCH WITH SEA STORIES

ISBN: 978-1-988830-49-0

This book is published by Bermuda Word. It has been created with specialized software that produces a three line interlinear format.

Please contact us if you would like a version with different font, font size, or font colors and/or less words per page!

LEARN-TO-READ-FOREIGN-LANGUAGES.COM

Dear Reader and Language Learner!

You're reading the paperback edition of Bermuda Word's interlinear and pop-up HypLern Reader App. Before you start reading Dutch, please read this explanation of our method.

Since we want you to read Dutch and to learn Dutch, our method consists primarily of word-for-word literal translations, but we add idiomatic Dutch if this helps understanding the sentence.

For example:
Zullen we hem niet gevangen nemen?
Shall we him not imprisoned take?
[Shall we take him prisoner?]

The HypLern method entails that you re-read the text until you know the high frequency words just by reading, and then mark and learn the low frequency words separately or practice them with our brilliant App.

Don't forget to take a look at the e-book App with integrated learning software at learn-to-read-foreign-languages.com!

Thanks for your patience and enjoy the story and learning Dutch!

Kees van den End

LEARN-TO-READ-FOREIGN-LANGUAGES.COM

Table of Contents

De Zeemeermin van Edam

De Zeemeermin van Edam
The Sea-mermaid of Edam
(Mermaid)

Nog voor de tijd dat hertog Albrecht van Beieren
Even before the time that duke Albrecht of Beieren

over Holland regeerde, kwam eens op een keer de
over Holland ruled came once upon a time the

tijding, dat in het Purmermeer een zeemeermin was
message that in the Lake of Purmer a sea-mermaid was
(mermaid)

gevangen. Zij had geleefd in de Zuiderzee, en ze had
imprisoned She had lived in the Southsea and she had
(caught)

zich steeds verborgen, als de vissers kwamen. Zij
herself all the time hidden if the fishermen came She

haatte de mensen. Zij hield alleen van het spel tussen
hated the people She held only of the game between
loved only

golven en zonneglans, als ze al zwemmende niet
waves and sun-glitter as she while swimming not

wist, of het schuim van de zee was, of warm
knew whether it foam of the sea was or warm

licht, waartussen haar blanke armen kliefden.
light between which her white arms cleaved

De storm kwam op, en de wilde zee brak de dijken.
The storm came up and the wild sea broke the dikes

De vloed voerde haar mee, en zij dreef het
The flood carried her along and she floated the

Purmermeer binnen, willoos, als was ze een stuk
Lake of Purmer in will-less as was she a piece

hout. Ze kon de weg terug niet meer vinden, en
(of) wood She could the way back not (any)more find and

ze dook, om voedsel te zoeken. Met gewoven wier
she dove for food to find With woven (sea)weed

was ze bekleed en met schelpen versierde ze zich.
was she dressed and with shells decorated she herself

Men herstelde de dijken, en de Zuiderzee trad
One repaired the dikes and the Southsea stepped
(The people)

binnen haar gebied terug, uiteindelijk niet tegen de
within her region back in the end not against the

mensen opgewassen.
people waxed up
(strong enough)

Telkens moest de zeemeermin boven komen; en ze
Each time must the sea-mermaid up come and she
(mermaid)

zwom dan rustig voort, totdat mensen naderden. Dan
swam then calmly forth until that people approached Then

dook ze onder, zolang ze kon, en ze werd angstig,
dove she under so-long she could and she became fearful
(as long as)

2

als de mensen, meestal waren het vrouwen, die boten
as the people mostly were it women who boats

met vee voortroeiden, haar konden zien. Ze wist niet,
with cattle forth-rowed her could see She knew not

dat ook de mensen bang voor haar waren, al was
that also the people afraid for (of) her were although was

hun nieuwsgierigheid even groot als hun vrees. Telkens
their curiosity as big as their fear Each time

dichter kwamen de vrouwen en maagden met hun
closer came the women and maidens with their

boten bij de plaats, waar zij zwom, en ze
boats to the place where she swam and they

bemerkten, dat het slechts een arme, weerloze
noticed that it only a poor defenseless

zeemeermin was, en ze kon niets dan plassen
sea-mermaid was and she could nothing (else) than splashing
(mermaid)

en ploeteren in het water.
and slogging in the water

Eindelijk hadden ze moed genoeg, om heel dichtbij
Finally had they courage enough for very close to

haar te komen, en met sterke armen hieven ze haar,
her to come and with strong arms lifted they her

hoe ze zich ook verzette, binnenboord. Ze voeren
how she herself also resisted within-board They sailed
how ever much she herself resisted (onboard)

met haar in de stad Edam, en iedereen verwonderde
with her in the city (of) Edam and everyone astonished
(to)

zich over haar wezen. Ze trachtte zich
themselves about her being She tried herself
(existence)

verstaanbaar te maken, en men deed moeite haar
understandable to make and one made (an) effort her
(the people)

woorden te begrijpen: deze waren echter zo vreemd,
words to understand these were however so strange

dat het geen taal van mensen kon zijn.
that it no language of people could be

Men ontnam haar haar kleding van wier, dat haar
One took away (of) her her clothing of (sea)weed that her
(They)

als een lange, golvende mantel dekte, en men
as a long wavy cloak covered and one
(they)

trok haar vrouwenkleren aan. Ook leerde men haar
pulled her women's clothes on Also taught one her
dressed her with women's clothes (they)

het voedsel der mensen eten: echter zij hield van vis
the food of the people to eat however she held of fish
loved

en zeeplanten, en stikte zowat in het droge brood dat
and sea plants and choked almost in the dry bread that

de mensen op het vasteland gebruiken.
the people on the fast-land use
(mainland)

Ze verlangde er hevig naar, om weer in het vrije
She longed there intensely to for again in the free
(open)

water te leven, en met haar vrienden de wind en de
water to live and with her friends the wind and the

golven te spelen. Telkens liep ze naar buiten, om
waves to play Each time walked she ~~to~~ outside for

zich in het meer te werpen en met de grootste
herself in the lake to throw and with the greatest

moeite hield men haar tegen.
trouble held one her against
 (they) (back)

Veel volk kwam haar bezien, en men sprak overal
Many people came (to) her behold and one spoke everywhere
 (they)

in het land van haar.
in the country of her

Ook de bewoners van Haarlem, een machtige stad,
Also the inhabitants of Haarlem a powerful city

hoorden van het wonder vertellen en ze zonden
heard of the miracle tell and they send

burgers uit, om haar in levende lijve te aanschouwen.
citizens out for her in living body to behold

Ze keerden terug en zeiden:
They turned back and said

"Het is een mooie zeemeermin, die men ons in
It is a beautiful sea-mermaid who one (they) us in
 (mermaid)

Edam getoond heeft."
Edam showed ~~has~~

"Wanneer het een mooie zeemeermin is," mompelde een
When it a beautiful sea-mermaid is muttered a
(mermaid)

burger, "dan komt ze Haarlem méér toe dan Edam."
citizen then comes she Haarlem more to than Edam
belongs she to Haarlem more

Haarlem was in die tijd veel sterker dan Edam en
Haarlem was in that time much stronger than Edam and

kon zo haar wil opleggen aan het veel kleinere
could thus her will lay on to the much smaller
force on

stadje.
town

Toen keerden zij, die haar gezien hadden, naar het
Then turned they who her seen had to the

stadje aan de Zuiderzee terug, en ze vroegen, of
town by the Southsea back and they asked whether

Haarlem de zeemeermin bezitten mocht.
Haarlem the sea-mermaid possess might
(mermaid)

bedroevend
droevig

De Edammers waren hierover zeer bedroefd,
The people from Edam were here-about (about this) very sad

maar ze wilden de sterkere stad niet
but they wanted the stronger city not

voor het hoofd stoten. Zij ontvingen de burgers van
for the head bump They received the citizens of
insult

de trotse stad gastvrij en vroegen:
the proud city hospitably and asked

"Wilt u haar hebben?"
Want you her have
Do you want her

"Ja."
Yes

Er was geen keus. De Haarlemmers voerden de
There was no choice The people from Haarlem carried the

blanke buit met zich mee, en zo deed de
white booty with themselves ~~along~~ and thus did (made) the

zeemeermin haar intocht in de stad en werd naar
sea-mermaid her entry in the city and became to
(mermaid)

het grote plein in de stad gevoerd en tentoongesteld.
the great square in the city led and presented

Nu was de zeemeermin nog verder weg van haar
Now was the sea-mermaid still (even) farther away from her
(mermaid)

geliefde zee en haar soortgenoten. Haarlem stond op
beloved sea and her kind Haarlem stood on

het land tussen de Noordzee en de Zuiderzee en had
the land between the Northsea and the Southsea and had

geen zeehaven en de grote wateren waren drooggelegd
no sea-harbor and the large waters were drained
(lakes) (had been)

voor de landbouw.
for the agriculture

Een · rijke · koopman · van · Haarlem · kocht · de · zeemeermin
A · rich · merchant · from · Haarlem · bought · the · sea-mermaid (mermaid)

van · zijn · stadsgenoten · en · dwong · haar · zijn · minnares · te
from · his · fellow citizens · and · forced · her · his · lover · to

zijn, · liet · haar · spinnen · op · een · spinnewiel · en · leerde
be · let · her · spin · on · a · spinning wheel · and · taught

haar · een · kruis · te · slaan · en · naar · de · kerk · te · gaan.
her · a · cross · to · strike · and · to · ~~the~~ · church · to · go
to make the sign of the cross

De · zeemeermin · haatte · meer · en · meer · de · mensen · en
The · sea-mermaid (mermaid) · hated · more · and · more · the · people · and

de · gevangenissen · die · ze · maakten · voor · haar · lichaam
the · prisons · that · they · made · for · her · body

en · haar · ziel. · Ze · dacht · alleen · maar · aan · het · water
and · her · soul · They · thought · alone · just / only of · on · the · water

en · als · de · wind · uit · het · Westen · waaide · kon · ze · de
and · if · the · wind · from · the · West · blew · could · she · the

zoute · zeelucht · ruiken · en · werd · ze · bijna · gek · van
salty · sea air · smell · and · became · she · almost · crazy · of

verlangen.
desire

Op · een · zondag · had · ze · zo'n · weerzin · tegen · haar · leven
On · a · sunday · had · she · such a · repulsion · against · her · life
(felt)

als · gevangene · op · land, · dat · ze · de · houten · kerk · en
as · (a) prisoner · on · land · that · she · the · wooden · church · and

daarmee de stad in brand stak. Dit was de grote
there-with the city in fire stuck This was the great
(with that) on fire set

brand van 1328 in Haarlem. Zo ontkwam de
fire of 1328 in Haarlem So escaped the

zeemeermin naar de Noordzee, die slechts op een paar
sea-mermaid to the Northsea, that only at a few
(mermaid)

kilometer afstand van de stad ligt.
kilometers distance of the city lies

De zeemeermin beklom de duinen en keek over de
The sea-mermaid climbed the dunes and looked over the
(mermaid)

zonbelichte zee uit, en terwijl in de verte achter
sunlit sea out, and while in the distance behind

haar de stad brandde, daalde ze af naar het strand
her the city burned, descended she off to the beach

en wierp zich in de golven.
and threw herself in the waves

Westenschouwen, het zal u berouwen

Westenschouwen, het zal u berouwen
Westenschouwen · it · shall · you · rue
you shall be sorry for it

in western Zeeland, an island

Lang geleden was Westenschouwen op Walcheren een
Long · ago · was · Westenschouwen · on · Walcheren · a

grote vissershaven, waarvan de schepen trots de
large · fisher-harbor · where-from (from which) · the · ships · proud · the

Noordzee bevoeren. Zij brachten rijke lading mee,
Northsea · sailed · They · brought · rich · cargo · along

iedere keer, dat ze de haven hadden verlaten, en de
every · time · that · they · the · harbor · had · left · and · the

vissers werden overmoedig door hun welvaart, wreed
fishermen · became · overconfident · by · their · wealth · cruel

en spottend van nature. Zij meenden, dat geen haven
and · mocking · of · nature · They · believed · that · no · harbor

aan die van hun gelijk was, en ze voelden zich
to · that · of · them · equal · was · and · they · felt · themselves

als trotse heersers, die met harde voetstappen over de
like · proud · rulers · who · with · hard (loud) · foot-steps · over · the

aarde schrijden.
earth · stride

"Wie is er gelijk aan de vissers van
Who is ~~there~~ equal to the fishermen of

Westenschouwen?" dachten ze.
Westenschouwen thought they

Eens waren ze er weer op uitgegaan, en ze lieten
Once were they ~~there~~ again on gone out and they let
had they again gone out

hun netten in zee zinken. Het duurde niet lang,
their nets in (the) sea sink It lasted not long

of men haalde een van de netten op, en men
or one fetched one of the nets up and one
(before) (they) (they)

vond een mooie zeemeermin, die smeekte, dat men
found a beautiful sea-mermaid who begged that one
(mermaid) (they)

haar weer zou loslaten. Doch de hoogmoedige
her again would let loose But the haughty
(let go)

schippers lachten slechts en ze togen naar
skippers laughed only and they went to

Westenschouwen terug, om hun vangst te tonen. Nog
Westenschouwen back for their catch to show Yet

nooit in hun herinnering hadden de vissers zulk een
never in their memory had the fishermen such a

wonderlijke buit medegevoerd, en hun dronken
wondrous booty carried along and their drunk

hoogmoed deed hen lachen om de smart van de
pride did them laugh about the grief of the

blanke vrouw.
white woman
(ivory colored)

"Laat me gaan," riep ze in wanhoop, "vissers van
Let me go called out she in desperation fishermen of

Westenschouwen, en u zult gezegend zijn."
Westenschouwen and you will blessed be

Een andere stem kwam uit de zee, en hoewel ze
An other voice came from the sea and although she

zwaarder was van toon, klonk ze als de echo van
heavier was of tone sounded she as the echo of
(lower)

haar schaamte en haar leed. Men zag buiten boord,
her shame and her suffering One saw outside board
(They) away from the ship

en weder lachte men, gelijk sterke mannen kunnen
and again laughed one like strong men can
(they)

lachen, die zwakken mishandelen.
laugh who weaker (persons) mistreat
(abuse)

"Het is de zeemeerman," riep men elkaar van de
It is the sea-merman called one each other from the
(merman) (they)

schepen toe, "hij zwemt met zijn kind in de armen."
ships to he swims with his child in the arms

Groen zijn de haren van de zeemeerman, en gelijk
Green are the hairs of the sea-merman and like
(merman)

golven, opgeslagen door de Westenwind (als er geen
waves struck up by the Western wind if there no
(blown up)

zonlicht is over de zee), vloeien ze groen over zijn
sunlight is over the sea flow they green over its

schuimwitte rug. Het gelaat is bruin van kleur, als een
foamwhite back The face is brown of color as a

stuk hout, dat veel dagen in zee heeft gedreven,
piece (of) wood that many days in (the) sea has drifted

en de baard warrelt er in groene striemen omheen
and the beard swirls ~~there~~ in green stripes around

en over.
and over

Het kindje, dat hij in zijn armen droeg, had een
The little child that he in his arms carried had a

blank hoofdje, rug en beentjes, en het spartelde
white little head back and little legs and it floundered
(swam splashing)

al aardig mee. Naar haar beide geliefden strekte
already quite along To her both loved ones stretched

de zeemeervrouw haar armen uit.
the sea-mermaid her arms out
(mermaid)

"O!" riep de zeemeerman huilend, "geef me haar
Oh called the sea-merman crying give me her
(merman)

terug, want we waren gelukkig, gemene vissers. Wat
back because we were happy mean fishermen What

moet zij bij u doen? Ze zal zeker bij u sterven."
must she with you do She will surely with you die

Geen der wrede mensen antwoordde, en men zeilde
None of the cruel people answered and one sailed
(they)

de haven tegemoet. De zeemeerman vroeg niets
the harbor towards The sea-merman asked nothing
(merman)

meer, telkens dook hij naar boven, en hij zag
(any)more each time dived he to up and he saw
up

alleen maar naar zijn vrouw, die bijna stervende was,
alone but to his wife who almost dying was
only

en die hem met haar ogen, reeds omfloerst door de
and who him with her eyes already filled by the

nevel van de dood, trachtte te onderscheiden van het
mist of ~~the~~ death tried to differentiate from the

zeeschuim en de golven.
seafoam and the waves

Het was een groot gejuich, waarmee de vissers aan
It was a great rejoicing where-with the fishermen on
(with which)

wal sprongen! Een van hun tilde het net hoog,
shore jumped One of them lifted the net high

waarin het zeemeerminnetje gevangen was, en hij liet
where-in the little sea-mermaid caught was and he let
(little mermaid) (had been)

het bekijken door de gierende vrouwen en de
it behold by the shrieking women and the

verwonderde kinderen. De zeemeerman echter, die nu
astonished children The sea-merman however who now
(merman)

zeker wist, dat men haar niet voor even zou
(for) sure knew that one her not for a bit would
(they)

14

houden, zwom tot dicht bij het strand, en zijn armen
keep swam to close by the beach and his arms

strekte hij naar haar uit, verlangend en vertwijfelend.
stretched he to her out longing and in desperation

"Op de bodem van de zee is ons huis, van schelpen
On the bottom of the sea is our home of shells

gebouwd, die wij hebben verzameld schelp voor
build which we have gathered shell for
(by)

schelp. Haar laatste gedachte zal aan 't huis zijn, en
shell Her last thought will on the house be and
(of)

wilt u haar doen sterven dichtbij uw donkere aarde?
want you her do die close by your dark earth

Hebt genade!"
Have mercy

De vrouwen en de mannen lachten, en ze voelden
The women and the men laughed and they felt

hun macht. Voor tederheid was geen plaats in
their power For tenderness was no place in

Westenschouwen, en men bond het net aan de
Westenschouwen and one bound the net to the
(they)

watertoren.
watertower

Men zag, hoe de meerman tot vlak bij de haven
One saw how the merman to flat by the harbor
(They) (right)

kwam, en zich zo hoog oprichtte, als hij kon. Men
came and himself so high up-extended as he could One
(They)

hoopte, dat hij nog eens zou smeken om 't leven
hoped that he yet once would beg for the life
(again)

van zijn vrouw. Maar hij zweeg en leed haar
of his wife But he was silent and suffered her

doodsstrijd mee, en 't was voor hem, wat voor een
death-battle along and it was for him what for a

mens het stromen van bloed uit een slagader is. Voor
human the pouring of blood from an artery is For

haar werd de lucht nevel, en die nevel naderde
her became the sky mist and that mist approached

snel. Uiteindelijk moest ze er de ogen voor sluiten,
fast Finally must she there the eyes for close

en ze stierf met de gedachte aan 't schelpenhuis op
and she died with the thought on the shell-house on
(of)

de zeebodem. Hij zag haar sterven, en strekte zijn
the sea-bottom He saw her die and stretched his

armen naar haar uit. Zijn leed was zijn toorn, en
arms to her out His suffering was his wrath and

zijn toorn zijn leed; zij werden één in zijn ziel.
his wrath his suffering they became one in his soul

Nog	verder	zwom	hij	in	de	haven,	tot	vlak	bij	de
Even	farther	swam	he	in	the	harbor	until	flat (right)	by	the

kust.	Alle	inwoners	van	de	machtige	stad	kwamen
coast	All	inhabitants	of	the	mighty	town	came

tezamen	aan	het	strand,	want	allen	wilden	spotten
together	to	the	beach	because	all	wanted	to mock

met	zijn	smart.
with	his	grief

Welke	wapens	droeg	de	zeemeerman	in	zijn	handen?
Which	weapons	carried	the	sea-merman (merman)	in	his	hands

Vuur	om	te	verdelgen,	golven	om	te	verzwelgen?
Fire	for	to	destroy	waves	for	to	devour

Zwaard	om	te	steken,	spies	om	te	werpen,	bijl	om	te
Sword	for	to	pierce	spear	for	to	throw	axe	for	to

hakken?	Maar	hij	droeg	geen	wapens.
cut	But	he	carried	no	weapons

Arme,	arme	zeemeerman!	De	mensen	konden	vrijuit
Poor	poor	sea-merman (merman)	The	people	could	freely

met	hem	spotten.	Ze	hadden	hem	niet	te	vrezen.	Ze
with	him	mock / mock him	They	had	him	not	to	fear	They

wezen	naar	hem	met	hun	vingers,	en	lachten	hem	uit.
pointed	to	him	with	their	fingers	and	laughed	him	out / at him

Hij **stoorde** **zich** **niet** **aan** **hun** **hoon.** **Hij** **had** **wapens**
He minded himself not to their scorn He had weapons
He did not care about their scorn

in **de** **hand,** **waarvan** **de** **macht** **en** **het** **geweld** **de**
in the hand where-of the power and the violence the
(of which)

mensen **van** **Westenschouwen** **nog** **niet** **bekend** **was.**
people of Westenschouwen yet not known was

Even **was** **hij** **in** **zee** **gedoken,** **en** **boven** **gekomen**
For a bit was he in (the) sea dived and up come
(had)

met **wier** **en** **met** **zand,** **dat** **de** **wegen** **naar** **de** **zee**
with (sea)weed and with sand that the roads to the sea

afsluit. **Waar** **gisteren** **nog** **schepen** **konden** **varen,** **keert**
closes off Where yesterday still ships could sail turns

morgen **het** **zachte** **zand** **en** **het** **vleiend** **wier** **iedere**
tomorrow the soft sand and the soft flowing weed every

boot.
boat

De **zeemeerman** **tilde** **zijn** **handen** **in** **de** **hoogte,** **en**
The sea-merman lifted his hands in the height and
(merman)

deed **het** **zand** **en** **het** **wier** **vallen** **in** **geulen** **en**
did the sand and the (sea)weed fall in gullies and

ondiepten. **Daarbij** **zong** **hij:**
un-depths Thereby sang he
(shallows) (While doing that)

"Westenschouwen, **Westenschouwen,**
Westenschouwen Westenschouwen

Het zal u berouwen,
It will you rue

dat u genomen hebt mijn vrouwe ....
that you taken have my lady

Westenschouwen zal daarom vergaan,
Westenschouwen shall therefore perish

de toren alleen zal blijven staan."
the tower only will remain standing

Langzaam zwom hij weg, om alleen te treuren in zijn
Slowly swam he away for alone to mourn in his

schelpenhuisje samen met zijn moederloze kind, en niet
little shell house together with his motherless child and not

keerde hij naar Westenschouwen terug. Maar het zand
turned he to Westenschouwen back But the sand

en het wier deden hun stille en onstuitbare intocht,
and the (sea)weed did their silent and unstoppable entry

winden en stormen en golven dreven het op, tot het
winds and storms and waves drove it up until it
(pushed)

de schepen omsloot met wurgend geweld.
the ships around-locked with choking violence
(surrounded)

Toen vluchtten de mensen uit hun huizen, en het
Then fleed the people from their homes and the

zand stoof op het strand. Het drong op, miljoenen
sand spurted on(to) the beach It pressed up millions

korrels, het woei en stoof om de woningen heen,
(of) grains it blew and spurted around the houses around

het legde zich in de straten neer. Als door de
it lied itself in the streets down As through the
(because of)

storm een dak inviel, boog het zand zich hoog, en
storm a roof fell in curved the sand itself high and

stortte door de opening naar beneden. Als een
crushed through the hole to down As a

drempel vermolmde, een deur uit zijn scharnieren
threshold rotted away a door from its hinges

werd gedraaid, warrelde het in de kamers en de
became turned swirled it into the rooms and the

keukens, en het bedekte de vloer. Het werd hoger
kitchens and it covered the floor It became higher
(got)

en hoger, het klom op tegen de wanden, het drong
and higher it climbed up against the walls it forced

zich in de spleten, 't maakte hout en ijzer zwak. Als
itself in the slits it made wood and iron weak If

eindelijk een huis instortte, viel dit in een hoop
finally a house crashed in fell it into a heap

mulle grond, en het zonk weg als een lichte last.
loose earth and it sank away as a light burden

Het zand kwam niet, waar de toren stond. De toren
The sand came not where the tower stood The tower

werd gespaard, terwijl de stad dieper en dieper
became saved while the city deeper and deeper

wegzakte. Wel woei het stof even om zijn
sunk away Indeed blew the dust for a while around its

stenen, doch deze schenen het terug te kaatsen tot
stones but these seemed it back to bounce to
(reflect)

daar, waar de huizen begonnen. Zo verging
there where the houses started Thus perished

Westenschouwen door de hoogmoed van haar inwoners.
Westenschouwen by the pride of her inhabitants

Het Vrouwenzand

Het Vrouwenzand
The Womansand
(The Lady's Sandbank)

Een paleis van prinsen, hertogen en koningen is
A palace of princes dukes and kings is
(has)

geweest in de stad Stavoren, en de deuren der
been in the city (of) Stavoren and the doors of the
(in Frisia)

burgerhuizen waren van zuiver goud. Gelegen was het
citizen's houses were of pure gold Situated was it

op de oever van het Flevus-meer, waarin vele rijke
on the banks of the Flevus-lake where-in many rich
(in which)

rivieren hun water stortten, de Cuyner, de Vecht, de
rivers their water poured the Cuyner the Vecht the

IJsel, en een stroom van het Rijnwater, komende uit
IJsel and a stream of the Rijnwater coming from

het sticht Utrecht. Geen mooiere haven dan die
the sticht Utrecht No more beautiful harbor than that
(province of)

van Stavoren, en de burgers van Holland spraken met
of Stavoren and the citizens of Holland spoke with

afgunst van de fraaie stad, welker schepen talloos
envy of the beautiful city whose ships countless

waren op de Noordzee.
were on the Northsea

Er **woonde** **in** **Stavoren** **een** **weduwe,** **de** **rijkste** **van**
There lived in Stavoren a widow the richest of

alle **mensen.** **Ook** **was** **zij** **de** **hoogmoedigste,** **en**
all people Also was she the most haughty and

iedereen **vreesde** **haar.**
everyone feared her

Eens, **dat** **een** **van** **haar** **vaartuigen** **zeilklaar** **lag,** **liet**
Once that one of her vessels sail-ready lay let
(ready for sailing)

zij **de** **schipper** **bij** **zich** **komen,** **en** **zij** **beval** **hem** **te**
she the skipper at her come and she ordered him to
(captain) (to)

gaan, **waar** **hij** **nog** **niet** **geweest** **was,** **en** **het**
go where he yet not been was and the
(had)

kostbaarste **voor** **haar** **mede** **te** **brengen,** **wat** **hij**
most valuable for her along to bring what he
to bring back

vinden **kon.** **De** **prijs,** **die** **men** **vroeg,** **mocht** **hij**
find could The price that one asked was allowed he
could find (they)

betalen. **"Het** **moet** **het** **mooiste** **zijn,** **wat** **ooit**
to pay It must the most beautiful be what ever

mensenogen **aanschouwd** **hebben.** **Het** **moet** **heerlijker**
human eyes behold have It must more glorious

zijn **om** **te** **bezitten** **dan** **goud** **en** **zilver,** **en** **ieder** **in**
be for to possess than gold and silver and everyone in

de **stad** **zal** **er** **van** **moeten** **spreken,** **mij** **benijdend**
the city shall there of must speak me envying

en **huldigend** **tegelijkertijd** **om** **dat** **bezit!** **Ga!"**
and praising at the same time for that possession Go

"Maar edele vrouw!" zei de schipper angstig, "hoe zal
But noble woman said the skipper fearful how shall
(captain)

ik weten, wat het mooiste is? Nooit heb ik iets
I know what the most beautiful is Never have I something

gezien heerlijker om te bezitten dan goud en zilver.
seen more glorious ~~for~~ to possess than gold and silver

Is er geen ander, die u met deze taak kunt
Is there no other who you with this task can

belasten?"
burden

"U bent de oudste van mijn schippers, u hebt de
You are the oldest of my skippers you have the
(captains)

verste reizen gemaakt, en daarom draag ik u op het
farthest travels made and therefore bear I you on it
I order you

voor mij te zoeken. Als u iets vindt, waarvan u
for me to seek If you something find where-of you
(of which)

zegt: 'Ziehier, dit is edeler dan mensenhanden ooit
say See here this is more noble than human hands ever

schiepen, zie deze kleur en vorm,' dan zult u weten,
created see this color and form then will you know

dat u het voor mij hebt gevonden. Zo niet, weet
that you it for me have found So not know
(If)

dan, dat u hier nooit meer hoeft terug te keren."
then that you here never (any)more need back to turn
may come back

24

"Ik zal mijn plicht volvoeren," sprak de man, "en het
I will my duty fulfill spoke the man and the

rijkste, wat ik ooit heb gezien, zal ik voor u
richest what I ever have seen shall I for you
(that)

meebrengen."
bring along
(bring back)

De volgende dag voer zijn schip af.
The next day sailed his ship ~~off~~

In het onderruim had hij niets dan goudgeld
In the subspace had he nothing than gold money
(cargo hold) (but)

geborgen, dat was van de rijke weduwe. Hij kwam in
loaded that was of the rich widow He came in
was belonged to

vele steden, waar hij kostbare dingen zag, alles
many cities where he valuable things saw everything

heerlijk, om te bezitten. Maar overdacht hij dan, of
glorious ~~for~~ to possess But pondered he then whether

hij nog nooit wat mooiers had gezien, dan
he yet never what more beautiful had seen then
(anything)

viel hem iets altijd in, dat nog kostbaarder was.
fell him something always in that yet more valuable was
he always thought of something

Hij zag edel gouden drijfwerk, schitterende
He saw noble golden drive-work sparkling
(hammered metal)

diamanten, geborduurde gewaden, Byzantijnsche tapijten,
diamonds embroidered garments Byzantine tapestries

vreemd-gevormde ringen en armbanden, goudbrocaat,
strangely-formed rings and bracelets golden brocade

doch het was alles van mensenhanden, en hun gelijke
but it was all of human hands and their equal

trof hij telkens weer. Waren ook niet zelfs de deuren
found he each time again Were also not even the doors

van de Stavorense huizen van zuiver goud, en zou
of the Stavoren houses of pure gold and would

men niet met de vrouw spotten, die een schipper
one not with the lady mock who a skipper
(they) (captain)

uitzond, om haar 't kostbaarste te halen, terwijl
sent out for her the most valuable to fetch while

deze slechts met iets terugkwam, dat bijna
this (one) only with something came back that almost

ieder in de stad kon kopen? Menige koopman en
everyone in the city could buy Many a merchant and

kramer vroeg hij:
peddler asked he

"Laat mij 't mooiste zien, wat u heeft," maar
Let me the most beautiful see what you have but
(which)

als 't hem getoond was, schudde hij zijn hoofd en
if it him showed was shook he his head and
(when)

zei droef:
said sadly

"Dat zoek ik niet."
That seek I not

Eindelijk op zijn zwerftocht, kwam hij in een rijke
Finally on his wanderings came he in a rich

stad, waar hij nog nooit geweest was, Danzig is haar
city where he yet never been was Danzig is her

naam. Hij begon er te vragen, wat hij overal
name He began there to ask what he everywhere

gevraagd had, hij zocht vooral bij goudsmeden. En
asked had he searched mainly at gold smiths And

weer vond hij het niet.
again found he it not

Toen besloot hij ook deze stad te verlaten, en nog
Then decided he also this city to leave and even

verder Noordwaarts te varen. Hij had gehoord, dat er
farther Northwards to sail He had heard that there

in verre streken dierenhuiden verkocht werden,
in far regions animal skins sold were

kostbaarder en zeldzamer dan hermelijn. Die wilde hij
more valuable and more rare than ermine That wanted he

kopen.
to buy

Het was de laatste middag, dat hij nog in Danzig
It was the last afternoon that he still in Danzig

was.
was

Hij kwam langs een onaanzienlijk gebouw, en keek
He came by an insignificant building and looked

er naar binnen.
there ~~to~~ inside

De deur was geopend, en aldus zag hij het
The door was opened and so saw he the

kostbaarste, wat hij ooit gezien had, oneindig veel
most valuable what he ever seen had endlessly much
(which)

rijker dan goud en zilver, en mooier dan wat ooit
richer than gold and silver and more beautiful than what ever

door mensenhanden was vervaardigd.
by human hands was made
(had been)

Blij dacht hij:
Happy thought he

"Nu heb ik gevonden, wat mijn meesteres begeert.
Now have I found what my mistress desires

Welke prijs men ook zal vragen, dit kan ik rustig
Which price one also shall ask this can I calmly
(they) (assuredly)

28

kopen,   want   't   heeft   grotere   waarde   dan   het   goud,
buy   because   it   has   larger   value   than   the   gold

dat   in   mijn   schip   geborgen   is,   ja   dan   alle   goud   ter
that   in   my   ship   loaded   is   yes   than   all   gold   on the

wereld."
world

Hij   ging   naar   binnen,   en   was   het   spoedig   met   de
He   went   ~~to~~   inside   and   was   ~~it~~   soon   with   the

koopman   eens.   Men   laadde   de   kostbare   waar   in   zijn
merchant   agreed   One (They)   loaded   the   valuable   goods   in   his

schip,   en   enige   uren   later   zeilde   hij   van   Danzig   weer
ship   and   some   hours   later   sailed   he   from   Danzig   again

naar   Stavoren.
to   Stavoren

De   rijke   vrouw   had   daar   allang   op   zijn   terugkomst
The   rich   lady   had   there   already long   on   his   return

gewacht.   Ze   was   al   trots   op   haar   schat,   en   ze
waited   She   was   already   proud   on   her   treasure   and   she

glimlachte   in   haar   fel   verlangen.   Wat   zou   het   zijn?
smiled   in   her   fierce   longing   What   would   it   be

Ze   bezag   peinzend   haar   blanke   pols.   Haar   handen
She   watched   meditative   her   white   wrist   Her   hands

vleiden   haar   blonde   haar.   Ze   lachte   tegen   haarzelf   om
stroke   her   blond   hair   She   smiled   to   herself   for

29

haar schoonheid, die nog machtiger zou worden door
her beauty which still more powerful would become by

wat de schipper meebrengen zou. Ze vertelde het
(that) what the skipper bring along would She told it
(captain)

overal, en ze spotte met alle andere vrouwen. Thans
everywhere and she mocked ~~with~~ all other women Now

evenaarden ze haar bijna, doch als het schip er
equalled they her almost but when the ship there

zou zijn, zou zij zich boven ieder mogen
would be would she ~~herself~~ above everyone be able to

verheffen.
lift
(rise)

Zij hield haar gedachten niet geheim. Openlijk sprak
She kept her thoughts not secret Openly spoke
(to herself)

ze van het naderend geluk.
she of the approaching happiness

"Zoals een ander een schip geladen is met houtwerk
Like an other ship loaded is with woodwork
(carpentry)

of met vis, zó deed ik dat met goudgeld. Ik weet
or with fish so did I that with gold money I know

wel, dat jullie allen rijk zijn, maar zoveel hebben
for sure that you all rich are but so much have

jullie nog nooit samen gezien, en wat ervoor gekocht
you still never together seen and what for it bought

zal	worden,	zal	van	mij	zijn.	O!	Het	zal	niet	meer
shall	become (be)	will	of	me	be	Oh	It	shall	not	(any)more

belong to me

lang	duren."
long	take

Het	was	reeds	enige	morgens	daarna,	dat	ze	gewekt
It	was	already	some	mornings	after	that	she	woken up

werd	door	een	luid	geroep	op	straat.	Ze	hoorde	de
became	by	a	loud	calling	on	(the) street	She	heard	the

naam	van	de	schipper,	en	ijlings	kleedde	zij	zich,	om
name	of	the	skipper (captain)	and	hurried	dressed	she	herself	for

naar	de	haven	te	gaan.	Er	was	niemand	in
to	the	harbor	to	go	There	was	nobody	in

Stavoren,	die	thuis	bleef.	Kinderen	drongen	in	dichte
Stavoren	that	at home	remained	Children	pressed	in	close

menigte	op,	nieuwsgierig	naar	de	kostbare	schat.
crowd	up	curious	to	the	valuable	treasure

Men	probeerde	al	te	raden,	wat	het	wezen	kon.
One (They)	tried	already	to	guess	what	it	be	could

Men	zag	aan	het	gezicht	van	de	schipper,	dat	hij
One (They)	saw	at	the	face	of	the	skipper (captain)	that	he

blij	was.
happy	was

De edele vrouw trad naar voren, en riep met een
The noble woman stepped to (the) front and called with a

stem, trillend van verwachting:
voice shaking of expectation

"Zeg, wat je hebt meegevoerd."
Say what you have carried along

Niet lang wachtte hij met zijn antwoord, dat juichend
Not long waited he with his answer that rejoicing

luidde:
sounded

"O edele vrouw! zulke mooie tarwe als u nog nooit
Oh noble voman such beautiful wheat as you yet never

hebt gezien."
have seen

Toen voelde zij, hoe men met haar spotte. In plaats
Then felt she how one ~~with~~ her mocked In stead
(they)

van dat zij anderen minachten kon, minachtte men
of that she others despise could despised one
(they)

haar. Wat zou haar kunnen redden van de hoon, dat
her What would her be able to save from the scorn that

32

zij een kostbare schat verwachtte en slechts tarwe
she *a* *valuable* *treasure* *expected* *and* *only* *wheat*

ontving?
received

De schipper verwachtte haar geluk. Zijn eenvoudige,
The *skipper* *expected* *her* *happiness* *His* *simple*
(captain)

oprechte gelaat moet wel zorgeloos geweest zijn. Wat
sincere *face* *must* *surely* *without worry* *been* *are* *What*
have been

was er voor hem inderdaad mooier dan deze
was *there* *for* *him* *indeed* *more beautiful* *than* *this*

zware tarwe, heerlijk voedsel! Hij had veel graan
heavy *wheat* *glorious* *food* *He* *had* *much* *grain*

gezien op zijn reizen, maar bij de eerste blik in de
seen *on* *his* *travels* *but* *at* *the* *first* *glance* *in* *the*

onaanzienlijke Danzigse schuur had zijn volkshart
insignificant *Danzig* *shed* *had* *his* *people's heart*

geweten, dat er niets beters dan deze tarwe kon
known *that* *there* *nothing* *better* *than* *this* *wheat* *could*

bestaan. Hij had zich van zijn opdracht gekweten. Het
exist *He* *had* *himself* *of* *his* *assignment* *discharged* *It*

was het mooiste, dat ooit mensenogen hadden
was *the* *most beautiful* *that* *ever* *human eyes* *had*

aanschouwd. Het was heerlijker om te bezitten dan
beheld *It* *was* *more glorious* ~~for~~ *to* *possess* *than*

goud en zilver, en wie in de stad zou er niet van
gold *and* *silver* *and* *who* *in* *the* *city* *would* *there* *not* *of*

33

moeten **spreken,** **de** **vrouw** **benijdend** **en** **huldigend**
must speak the woman envying and praising
(have to)

tegelijkertijd? **Konden** **mensenhanden** **dit** **vervaardigen?**
at the same time Could human hands this create

Het **was** **een** **goddelijke** **gave,** **die** **in** **zijn** **schip** **geladen**
It was a godly gift that in his ship loaded

was.
was

Ach! **hoe** **slecht** **kende** **hij** **de** **rijke** **weduwe,** **die** **hem**
Ah how bad knew he the rich widow who him

had **uitgezonden,** **en** **wier** **ijdelheid** **had** **willen** **pronken.**
had send out and whose vanity had wanted to flaunt

Wat **wist** **hij** **weinig** **van** **het** **hart** **van** **de** **Stavorense**
What knew he little of the heart(s) of the Stavoren

burgers, **die** **stoepen** **hadden** **gebouwd** **van** **louter** **goud,**
citizens who sidewalks had build of just gold

alleen **om** **meer** **te** **schijnen** **dan** **de** **Hollanders!** **Zij**
only for more to shine than the Dutch They

hadden **slechts** **achting** **voor** **laag** **vertoon,** **en** **ze**
had only respect for low show and they
(spectacle)

lachten **wat** **om** **de** **Danzigsche** **tarwe.**
laughed some about the Danzig wheat
(just)

De — rijke — vrouw — wist, — dat — zij — de — spot, — de — grootste
The — rich — woman — knew — that — she — the — scorn — the — greatest

vijand — van — de — ijdelheid, — had — te — bestrijden, — en — ze
enemy — of — the — vanity — had — to — battle — and — she

riep — de — schipper — toe:
called — the — skipper — at
called at the captain

"Tarwe — hebt — u? — En — aan — welke — kant — heeft — u — ze
Wheat — have — you — And — on — which — side — have — you — them (it)

geladen?"
loaded

"Aan — bakboord."
On — portside

"Welnu," — hoonde — ze, — en — ze — wendde — zich — tot — het — volk,
Well — mocked — she — and — she — turned — herself — to — the — people

"werp — ze — dan — over — stuurboord — maar — weer — in — zee."
throw — them — then — over — starboard — but (just) — again — in — (the) sea

Zonder — verweer — voldeed — hij — aan — haar — bevel. — Het
Without — defense (arguing) — fulfilled — he — to — her — command — The

graan, — dat — hij — geladen — had, — loste — hij — in — de — golven.
grain — that (which) — he — loaded — had — unloaded — he — in — the — waves

Lachende keken zij toe, de burgers van Stavoren.
Laughing looked they at the citizens of Stavoren
         watched they

Zou er ooit aan hun rijkdom een einde komen?
Would there ever to their wealth an end come

Die lach voerde hen ten verderve.
That laugh carried them to the destruction

Want op de plaats, waar de tarwe gevallen was,
Because at the place where the wheat fallen was
         (had)

drong zand op temidden van de zee. Uit iedere
forced sand up in the middle of the sea From every

korrel graan scheen een korrel zand te komen, en
grain (of) grain seemed a grain (of) sand to come and

nieuw zand dreef weer aan tegen 't vastgezette.
new sand drifted again on against the fixed-set
         (settled sand)

Vroeger was de haven van Stavoren open geweest voor
Before was the harbor of Stavoren open been for

ieder schip, nu bedwongen door de tiran was haar
every ship now forced by the tyrant was her

vrijheid beknot.
freedom curtailed

De armoede kwam in de trotse stad, en menige
The poverty came in the proud city and many a

burger dacht met weemoed aan de rijke tarwe,
citizen thought with melancholy to the rich wheat

roekeloos in zee geworpen.
recklessly in (the) sea cast

Het armoedigst van allen werd de vrouw, die de
The most poor of all became the lady who the

schuld in haar geweten had te dragen. Dat echter niet
guilt in her conscience had to carry That however not

alleen was haar straf.
alone was her punishment

Op het zand, het heet het Vrouwenzand, begon de
On the sand it is called the Woman-sand began the

volgende zomer graan te groeien. Maar het had geen
next summer grain to grow But it had no

aren, er was geen korrel voedsel in.
ears (of grain) there was no grain (of) food in (it)

Het diende voor niets, dit graan. Het groeide hoog
It served for nothing this grain It grew high

en verging doelloos net als schijn en ijdelheid.
and perished purposeless just like appearance and vanity

De Vliegende Hollander

De Vliegende Hollander
The Flying Dutchman

Een hulpeloos schip in de woedende storm, en het
A helpless ship in the furious storm and the

land nabij. De golven sloegen tegen het zwakke hout,
land close The waves struck against the weak wood

en de wind floot langs de zeilen. De storm
and the wind whistled past the sails The storm

eindigde niet, en dreef het schip Westwaarts en
finished not and drove the ship westward and
did not stop (pushed)

Oostwaarts, Noordwaarts en Zuidwaarts; geen
eastward northward and southward no

stuurmanskunst kon het leiden. De storm was meester.
helmsman's art could it lead The storm was master
(steer) ruled

De kapitein van der Decken stond bij de mast, en
The captain van der Decken stood at the mast and
Captain

had zijn handen tot vuisten gebald.
had his hands to fists balled
(clenched)

"De duivel! ik zal het land bereiken, al
The devil I will the land reach even
Damned / reach the land

zou ik tot de jongste dag moeten varen."
would I until the youngest day have to sail
if I would have to sail until Judgment Day

"Hahaha," joelde de storm. "Hahaha," lachte de duivel.
Hahaha cried out the storm Hahaha laughed the devil

Aan dek van het schip sprak niemand meer een
On deck of the ship spoke nobody (any)more a

woord. De wind floot. De golven zwiepten en
word The wind whistled The waves swished and

zweepten. Het land was nabij, en bleef ver. De
whipped The land was close and remained far The

storm duurde voort, van eeuwigheid tot eeuwigheid,
storm lasted forth from eternity to eternity

geen seconde ging voorbij, zonder de wind.
no second went by without the wind

"Laat mij sterven," bad van der Decken. "Hahaha,"
Let me die prayed van der Decken Hahaha

joelde de storm.
cried out the storm

De wind dreef hem naar een rots.
The wind drove him to a rock
(pushed)

Te pletter zou 't schip nu lopen. Dit was het
To crusher would the ship now run This was the
The ship would now be crushed

39

einde. Maar de wind dreef hen weer terug. Een
end But the wind drove (pushed) them again back / back again A

kaper naderde. Was er niet een schip in nood?
privateer approached Was there not a ship in need

Zeker zou het rijke schatten aan boord dragen. Het
Surely would it rich treasures on board carry It

was van een Hollander. De storm lachte. Recht-aan
was from a Dutchman The storm laughed Straight-on

zeilden de rovers op de buit toe. Hahahaha, als zij
sailed the robbers on the booty to / towards the spoils Hahahaha if they

dichtbij waren, sloeg de wind de twee vaartuigen
close were struck the wind the two vessels

uit elkaar, en nooit kwamen ze weer tezamen.
out eachother / apart and never came they again together

"Hahaha," schreeuwde de duivel, "tot de jongste dag
Hahaha screamed the devil until the youngest day / Judgment Day

zul je varen, als je niet door de trouw van een
will you sail if you not through the faithfulness of a

meisje wordt verlost. Maar trouw bestaat niet op
girl become redeemed But faithfulness exists / does not exist not on

deze wereld. Haha! Zeil, nooit zul je rust vinden."
this world Haha Sail never will you rest find

40

"Laat mij eens in de zeven jaren aan land gaan, vind
Let me once in ~~the~~ seven years on land go find

ik geen trouw, dan zal ik weer mijn schip bestijgen
I no faithfulness then shall I again my ship mount
(embark)

en zeilen, waar de storm mij slaat."
and sail where the storm me strikes
(blows)

"Eens in de zeven jaren, een enkele nacht, beloofd!
Once in the seven years a single night promised

Lach, alle duivels!"
Laugh all devils

Alle boze geesten lachten; maar boven deze lach
All evil spirits laughed but over this laugh

klonk de lach van de storm het hardst.
sounded the laugh of the storm the hardest
(loudest)

"Haha, zeven jaren geslagen aan zeven jaren worden
Haha seven years struck to seven years become

de eeuwigheid. Op! wolken met bliksem, en gierende
~~the~~ eternity Up clouds with lightning and shrieking
(howling)

wind en regen, drijf mij aan tot de jongste dag.
wind and rain drive me on until the youngest day
Judgment Day

Vervloek de Vliegende Hollander. Ga door, eeuwig
Curse the Flying Dutchman Go on eternal

lachen."
laughing

En van alle kanten spotte de lach.
And from all sides mocked the laugh

Brieven waren er aan boord, die aan inmiddels
Letters were there on board which to meanwhile

gestorven mensen waren geschreven. Als de brieven
died people were written If the letters
(passed away)

maar bezorgd werden. Was er niet in de verte een
but delivered became Was there not in the distance an
(just) (would be)

ander schip? De Vliegende Hollander kwam langszij.
other ship The Flying Dutchman came alongside

"Neem brieven voor me mee!" riep hij, en hij
Take letters for me along shouted he and he

gooide in de gierenden storm alles over, wat hij kon.
threw in the shrieking storm all over what he could
(howling)

Dan werden ze weer gescheiden. Wee het schip, als
Then became they again separated Woe the ship if

de brieven niet aan de mast werden gespijkerd, en
the letters not to the mast became nailed and
(were)

niet veilig bewaard bleven. Het schip dat de Vliegende
not safely guarded remained The ship that the Flying

Hollander had gezien zou dan tegen een rif stoten
Dutchman had seen would then against a reef struck

en vergaan.
and perish

Om de zeven jaren was er een stille nacht. De
Around the seven years was there a silent night The
Every

sterren blonken. Stil lagen de golven. De Hollander
stars glistened Quietly lay the waves The Dutchman

met zijn mannen stapten aan wal. De wegen waren
with his men stepped on shore The roads were
(crew)

vredig, er was geen gerucht, geritsel en
peaceful there was no rumor rustling and

niemand kwamen ze tegen. In de ochtend begon de
nobody came they against In the morning began the
they met no-one

storm weer, met duizelingwekkende, alles meeslepende
storm again with dizzying all dragging along

lach. Ze moesten aan boord, de ongelukkigen. Ze
laugh They must on board the unfortunates They
(had to go)

werden geslingerd van golf tot golf, en het duurde
were swung from wave to wave and it lasted
(hurtled)

weer zeven jaren, zeven jaren na zeven jaren.
again seven years seven years after seven years

Aan de kust van Schotland woonde een schipper op
On the coast of Schotland lived a skipper on
(captain)

een eenzame berg. In zijn woning hing een schilderij
a lonely mountain In his residence hung a painting

van een jonge, bleke man, en nooit had de dochter
of a young pale man and never had the daughter

van de schipper verlangd naar zang en dans. In de
of the skipper longed to song and dance In the
(captain)

avond, als alle andere jonge mensen uit gingen, zat
evening when all other young people out went sat
went to party

zij in haar huis, en bij 't flikkerend kaarslicht
she in her house and at the flickering candlelight
(with)

staarde zij naar het schilderij, zichzelf afvragend met
stared she at the painting herself off-questioning with
wondering

angst en geluk, wie die jonge man kon zijn.
fear and happiness who that young man could be

Soms scheen het haar, of de bleke lippen zich
Sometimes seemed it (to) her if the pale lips themselves
(that)

bewogen, en of er levende smart in zijn ogen was.
moved and if there living grief in his eyes was
(that)

Dan hoorde ze hem spreken.
Then heard she him speak

"Kom ten dans op de altijd schuimende golven, als
Come to the dance on the always foaming waves when

de storm de bruiloftsmuziek speelt. De zee is onze
the storm the wedding music plays The sea is our

zaal, de bliksem ons licht, de wind blaast met
hall the lightning our light the wind blows with

duizend doedelzakken. Verenig u met mij in leven
(a) thousand bagpipes Unite yourself with me in life

en dood, vraag niet naar zegen of vloek, als je mij
and death ask not to blessing or curse if you me
(for)

liefhebt."
dear have
(love)

"Ik heb u lief," fluisterde zij dan.
I have you dear whispered she then
     love you

Het was in een vreselijke nacht, dat een schip haar
It was in a terrible night, that a ship her

vader's huis naderde. Alle zeilen waren gespannen, één
father's house approached. All sails were tense one
     (pulled taut)

doel had het zwarte schip: de rots.
goal had the black ship: the rock

"Hij zal te pletter stoten," riep de schipper.
He will to crusher strike called the skipper
     crash

Hij ging met zijn kleine boot de Hollander tegemoet.
He went with his little boat the Dutchman towards

Hij riep hem uit de verte toe, dat hij in gevaarlijke
He called him from the distance ~~to~~ that he in dangerous

branding was.
surf was

"Kom aan boord," riep van der Decken. "Er zal u
Come on board called van der Decken There will you

noch mij leed geschieden. Zeven jaren zijn voorbij.
(and) neither me harm happen Seven years are over

De zee zal roerloos worden."
The sea will immobile become

De	golven	werden	stil,	nadat	zijn	stem	had
The	waves	became	quiet	after that	his	voice	had

gesproken.	De	stormwind	zweeg.	De	Schot	kon
spoken	The	storm wind	became silent	The	Schot	could

rustig	het	zwarte	schip	bestijgen.
calmly	the	black	ship	mount (embark)

"Bij	u	moet	ik	zijn,"	zei	de	kapitein.	"Laat	mij	één
At (With)	you	must	I	be	said	the	captain	Let	me	one

nacht	in	uw	huis	wonen,	en	alle	schatten	aan	boord
night	in	your	house	live	and	all	treasures	on	board

zijn	van	u.	Ga	mee	naar	de	kajuit,	ik	zal	u
are	from	you yours	Go	along	to	the	cabin	I	shall	you

kostbaarheden	tonen,	zoals	u	ze	nog	nooit	hebt
valuables	show	like	you	them	yet	never	have

gezien."
seen

Hij	opende	de	kasten	en	laden,	en	zoals	zonlicht,
He	opened	the	cupboards	and	drawers	and	like	sunlight

dat	de	duisternis	opent,	stroomden	de	edelstenen	naar
that	the	darkness	opens	flowed	the	gems	to

alle	zijden.	De	schragen	van	de	kasten	waren	van
all	sides	The	trestles	of	the	cupboards	were	from

goud. De laden waren met zilver beslagen. De tafels
gold The drawers were with silver struck The tables
                                    studded with silver

waren van rozenhout, met ivoor ingelegd.
were of rose-wood with ivory laid in

"Dit alles is voor u als u mij één nacht onderdak
This all is for you if you me one night under-roof
All this   (shelter)

geeft," zei de Hollander.
give said the Dutchman

"Ga met mij mee," riep de schipper.
Go with me along called the skipper

"Heeft u een dochter?"
Have you a daughter

"Ja, heer", zei de schipper.
Yes lord said the skipper

"Ik zal met haar trouwen."
I will with her marry

"Een man zo rijk als u?"
A man so rich as you

"Is zij trouw? Geld en goed zijn van de Duivel, de
Is she faithful Money and good(s) are of the Devil the

trouw is van God. Kunnen haar woorden liegen?"
faithfulness is of God Can her words lie

"Zij is eerlijk, heer, en de leugen haat ze als de
She is honest lord and the lie hates she as the

Satan der mensheid."
Satan of the people

"Ik ga mee."
I go along

Hij trad 't huis binnen, en 't meisje kwam hem
He stepped the house in and the girl came him

tegemoet, alsof hij een lang verwachte gast was.
towards as if he a long expected guest was

Zonder een woord te zeggen, wees ze naar het
Without a word to say pointed she at the

schilderij. Hij zette zich naast haar, en hij vroeg
painting He set himself next (to) her and he asked

haar met diepe stem, of zij hem had verwacht.
her with deep voice if she him had expected

"Ja."
Yes

"Ook ik heb u gezocht, vele eeuwen
Also I have you sought many centuries

zocht mijn ziel de uwe. Want wij horen bij
looked for my soul the yours Because we belong with
my soul looked for yours

elkaar. Om de zeven jaren ging ik aan land,
each other Around the seven years went I on land
Every

om u te treffen, doch dit gebeurde nooit. Ik moest
for you to meet but this happened never I must
to meet you (had to)

terugkeren in de wachtende storm."
turn back in the waiting storm
(to)

"Ik zat bij uw beeld, omdat ik u al vroeger had
I sat at your image because I you already earlier had
(before)

gezien. Waar? Waar? Ik kon 't antwoord niet vinden.
seen Where Where I could the answer not find

Ik zag naar uw lippen, eens had ik ze eerder
I looked at your lips once had I them before

gezien bij een levend mens. Waar? Waar? Uw ogen,
seen with a living human Where Where Your eyes

met al het leed, dat ik niet kende, en dat ik toch
with all the suffering that I not knew and that I still

al had ondervonden. Waar? Waar? Hoe? Ook mijn
already had experienced Where Where How Also my

ziel heeft de uwe gezocht, en zonder uw ziel was
soul has the yours sought and without your soul was

mijn ziel verlaten."
my soul deserted

"Stil! is er geen storm?", vroeg de schipper onrustig.
Quiet is there no storm asked the skipper restless

"Wat spreekt u van storm? De avond is vredig."
What speak you of storm The evening is peaceful
    do you speak

"Zijn er geen wolken aan de lucht, donker en
Are there no clouds on the sky dark and
    (in)

dreigend?", vroeg de schipper, nog niet overtuigd.
threatening asked the skipper still not convinced

"Alle sterren schitteren", zei het meisje kalm.
All stars glitter said the girl calm
    (shine)

"Roepen mijn mannen mij niet, dat ik weer aan boord
Call my men me not that I again on board
    Are my men not calling me

zal gaan?", vroeg de schipper weer.
shall go asked the skipper again
(must)

"Het is stil op zee", zei het meisje beslist.
It is quiet on (the) sea said the girl decided

"Heeft u mij lief?" vroeg de schipper.
Have you me dear asked the skipper
    Do you love me

"Ja", zei het meisje.
Yes said the girl

"U kent me. Weet u, wie ik ben?",
You know me Know you who I am

ging de schipper verder.
went the skipper on
    continued the skipper

"Noem uw naam.", zei het meisje.
Name your name said the girl
(Say)

"Als ik mijn naam noem, zult u
If I my name name shall you
                (say)

mij niet meer trouw willen zijn. Als u mij niet
me not (any)more faithful want to be If you me not
    not want to be faithful to me anymore

meer trouw bent, wordt u vervloekt en zal ik
(any)more faithful are become you cursed and shall I
              you will be cursed

eeuwig moeten dolen. Dat is de wet."
eternally must wander That is the law
     (have to)

"Ik vrees de wet niet. Ik ben u trouw.", zei het
I fear the law not I am you faithful said the
                  faithful to you

meisje weer rustig.
girl again calmly

"Heeft u mijn naam ooit gehoord?"
Have you my name ever heard

"Niet de naam, die u nu draagt. Wel de naam,
Not the name that you now carry Well the name
(which) _I did hear the name_

die ik liefhad in mijn dromen."
that I loved in my dreams
(which)

"De Vliegende Hollander heet ik. Ik heb de Duivel
The Flying Dutchman am called I I have the Devil

verzocht, en er bestaat geen verlossing voor me,
tempted and there exists no redemption for me

anders dan door u. Als ik verlost word, moet ik
other than through you If I redeemed become must I

sterven. Niet een levend man heeft u lief."
die Not a living man have you dear
do you love

"Lief heb ik de eeuwige ziel. Mijn ziel zoekt de
Dear have I your eternal soul My soul seeks ~~the~~
I love your eternal soul

uwe."
yours

"De storm steekt op in de verte.", zei de schipper,
The storm sticks up in the distance said the skipper
rises

luisterend.
listening

52

"Het is een ver gerucht, dat mensen maken."
It is a far rumor that humans make
(noise) (people)

"Het is de storm. Luister!"
It is the storm Listen

"Ik ben niet bang," zei het meisje.
I am not afraid said the girl

"De golven slaan tegen mijn schip. De mannen roepen
The waves strike against my ship The men call

mij", zei de kapitein, zich gereedmakend om te gaan.
me said the captain himself readying for to go

"Ik ben bereid met u te gaan."
I am prepared with you to go

"Niet met mij. Blijf!"
Not with me Stay

"Ik ga met u mee", zei het meisje vastbesloten.
I go with you along said the girl decided

"Ik wil niet, dat u met mij mee gaat. Liever wil
I want not that you with me along go Rather want

ik rusteloos zwerven, nu eeuwig rusteloos, want na
I restless roam now eternally restless because after

deze dag vind ik u niet weer. De golven zullen
this day find I you not again The waves will

slaan, de storm zal huilen, en ik zal nooit meer aan
strike the storm will cry and I shall never more to

land gaan, want ik heb er niets meer te
land go because I have there nothing (any)more to

zoeken. Vaarwel."
seek Farewell
(search for)

"Niet vaarwel." Ze legde haar armen om zijn hals.
Not farewell She put her arms around his neck

"De morgen is nog verre. Blijf bij mij. Nog enige
The morning is still far Stay with me Still some

uren leven, samen leven."
hours live together live

"Des te dieper is het ongeluk na zoveel geluk.
Of the to more deep is the unhappiness after so much happiness
   The more deep will be

Geen herinnering meer mag uw ziel, mijn ziel zoekend,
No memory more may your soul my soul seeking

bezitten. Ik zeg u, dat ik verdoemd wil zijn."
possess I say you that I doomed want to be
                              want to be doomed

"Ik ben trouw. Uw noodlot is, dat ik trouw ben, en
I am faithful Your fate is that I faithful am and

daarom zal ik moeten sterven, net als zovelen."
therefore shall I must die just like so many

"Duizenden levens zijn in uw ene leven besloten.
Thousands (of) lives are in your single life locked in

Bedenk, dat het beter is, niet veel geluk te kennen.
Think that it better is not much happiness to know

Laat me dus gaan."
Let me thus go

"Ben ik niet een ziel aan u gelijk, zwervend in
Am I not a soul to you equal roaming in

eeuwigheid, gaande van tijd op tijd aan rustig land?
eternity going from time to time on calm land

Trouw wil ik zijn."
Faithful want I be
　　I want to be faithful

"U zult 't niet zijn. Blijf leven."
You will it not be Stay alive

"Ik zeg geen vaarwel."
I say no farewell

"Ik verlaat u."
I leave you

"Ik ga met u."
I go with you

Zij	gingen	samen.	De	zee	lag	wijd	voor	hen.
They	went	together	The	sea	lay	wide	before	them

Bliksemsnel	schreed	hij	over	de	golven	naar	't
Fast as lightning	strode	he	over	the	waves	to	the

wachtend	schip.	De	storm	werd	luider:	al	aan	de
waiting	ship	The	storm	became	louder	already	on	the

horizon	was	zijn	lach,	door	de	schuimende	golven
horizon	was	his (its)	laugh	by	the	foaming	waves

meegedragen.
carried along

"Vaarwel!",	antwoordde	ze	van	de	hoge	rots.	"Ik	wil
Farewell	answered	she	from	the	high	rock	I	want

bij	u	zijn.	Ik	ben	u	trouw	tot	in	de	dood."
with	you	be	I	am	you	faithful	until	in	the	death
to be with you							into death			

Zij	stortte	zich	in	zee.
She	plunged	~~herself~~	in	(the) sea

Toen **kraakte** **het** **schip** **in** **zijn** **gebinten,** **en** **de**
Then creaked the ship in his trusses and the
(its)

Vliegende **Hollander** **zonk** **in** **de** **zee,** **verlost** **van** **de**
Flying Dutchman sank in the sea freed from the

vloek.
curse

Het Dodenschip

Het Dodenschip
The Ship of the Dead

In	**de**	**nacht**	**lag**	**het**	**dodenschip**	**voor**	**'t**	**eiland**
In	the	night	lay	the	ship of the dead	before	the	island

Walcheren.		**Op**	**het**	**dek**	**stond**	**de**
(of) Walcheren		On	the	deck	stood	the

(in the South West of the Netherlands)

zwijgende	**schipper.**	**Geluidloos**	**werkte**	**de**
silent	skipper	Soundless	worked	the
	(captain)	(Without making a sound)		

bemanning,	**en**	**de**	**stuurman**	**bij**	**het**	**roer**
crew	and	the	helmsman	at	the	rudder

zag	**peinzend**	**voor**	**zich**	**uit.**	**Op**	**alle**	**gezichten**	**was**
saw	meditative	before	himself	out	On	all	faces	was
	was staring meditatively ahead							

't	**licht**	**van**	**de**	**maan,**	**maar**	**buiten**	**hen**	**was**	**het**
the	light	of	the	moon	but	outside	them	was	it

donker.
dark

Van	**het**	**schip**	**gleed**	**een**	**door**	**de**	**maan**	**wit**	**verlichte**
From	the	ship	glided	a	through	the	moon	white	lit up
			(floated)						

gedaante	**over**	**het**	**water**	**naar**	**het**	**land,**	**naar**	**het**	**dorp.**
figure	over	the	water	to	the	land	to	the	village

Het was haar onzichtbare hand die, wanneer iemand
It was her invisible hand that when someone

dood zou gaan, aan het venster klopte.
die would go at the window knocked
would pass away

Overal, waar een mens moest sterven, klopte zij
Everywhere where a human must die knocked she

zo, stiller dan het ritselen van een blad. En dan
so more quiet than the rustling of a leaf And then
(like that)

gleed de gedaante, aan wie de hand behoorde, verder,
glided the figure to whom the hand belonged further

één met de nacht, zonder een trilling, zonder een
one with the night without a tremble without a

nevel.
haze

En zoals een kind dromerig het blij geluid van
And like a child dreamily the happy sound of

trommel en fluit volgt, wanneer het zonlicht schijnt, zo
drum and flute follows when the sunlight shines so

stond de dode op, en volgde de geluidloosheid, die
stood the dead up and followed the soundlessness that

hem of haar voorafging.
him or her preceded

Het	vreemde	was,	dat	de	dode	de	weg	wist.
The	strange (thing)	was	that	the	dead	the	way	knew

Telkens	stond	hij	even	stil,	als	de	hand	der
Each time	stood	he	for a while	still	when	the	hand	of the
	stopped he for a while							

schrijdende	gestalte	een	venster	beroerde,	om	dan	weer
striding	figure	a	window	touched	to	then	again

te	volgen,	wat	een	vormloze,	kleurloze,	alleen	maar
to	follow	what	a	shapeless	colorless	only	but
							just

voortgaande	gedaante	was.
proceeding	figure	was

Voor	één	huis	hadden	de	doden	die	de	gedaante
Before	one	house	had	the	dead	who	the	figure

volgden	langer	te	wachten	dan	anders.	Het	was
followed	longer	to	wait	than	(at) other (times)	It	was

bij	een	man,	die	tot	de	dood	werd	geroepen.
with	a	man	who	to	the	death	became	called
							(was)	

Altijd	was	deze	al	niet	meer	zo	jonge	man
Always	was	this	already	not	(any)more	so	young	man

gewend	geweest	de	dingen	van	het	leven	te	beheersen,
used	been	the	things	of	the	life	to	master

en	hij	was	over	de	wereld	gegaan,	alsof	ze	een
and	he	was	over	the	world	gone	as if	she	a
		had gone through the world							

danszaal was. Nu moest hij sterven, en hij wilde
ballroom was Now must he die and he wanted
(were)

zich tegen de dood verzetten.
himself against the death resist

Het wordt verteld, dat hij een jong meisje liefhad, en
It becomes told that he a young girl loved and
(is)

daarom niet met het dodenschip wilde varen. Toen de
therefore not with the ship of the dead wanted to sail When the

hand aan het raam tikte, verzette hij zich met al
hand at the window tapped resisted he himself with all

zijn macht tegen de verlokking, en stil wachtte hij.
his power against the temptation and quietly waited he
(strength)

De man voelde een hevige pijn, alsof men zijn ziel
The man felt a severe pain as if one his soul
(they)

uit zijn lichaam probeerde te trekken. Om zich
out his body tried to pull Around himself
(from)

heen hoorde hij overal zacht gekerm, en 't was, als
to heard he everywhere soft moaning and it was as

klaagden en riepen duizenden stemmen van doden.
complained and called thousands (of) voices of (the) dead

Maar hij zag alleen de nacht, en de door de maan
But he saw only the night and the by the moon

verlichte gestalte, die langs het raam heen en weer
lit up / figure / which / by / the / window / to / and / back

gleed.
glided
(floated)

De man smeekte, om nog te blijven leven. "Een enkel
The / man / begged / to / still / to / remain / live / One / single
to be allowed to stay alive

jaar!" zo riep hij. "Laat mij nog een jaar van de
year / so / called / he / Let / me / still / one / year / ~~of~~ / the

wereld genieten."
world / enjoy

Nadat hij dit had gesmeekt, schreed de gestalte
After that / he / this / had / begged / strode / the / shape

verder, en de andere doden volgden. Wat was het
further / and / the / other / dead / followed / What / was (had) / the

vonnis geweest? Het gekerm van de doden was
verdict / been / The / moaning / of / the / dead / was (had)

opgehouden, en als de gedaante aan een venster
stopped / and / when / the / figure / at / a / window

klopte, volgde de geroepene.
knocked / followed / the / called one

Eindelijk kwamen ze allen bij het schip, en hun
Finally / came / they / all / at / the / ship / and / their

namen werden gefluisterd. De naam van de man was
names / were / whispered / The / name / of / the / man / was

62

er niet bij. Ze stegen in het schip, en licht voer
there not with They rose into the ship and light sailed

het over de zee, zonder dat de golven de romp
it over the sea without that the waves the hull

raakten. Het was, alsof ze op de vleugels van een
touched It was as if they on the wings of a

vogel door de ijle lucht zweefden. Soms
bird through the thin air floated Sometimes

kwamen zij een ander schip tegen: dan zwenkte hun
came they an other ship against then turned their
met they another ship

vaartuig niet, doch het ging recht door, en weer
vessel not but it went straight on and again

kraakte geen splinter hout.
creaked not (a) splinter (of) wood

De net gestorvenen vroegen de schipper, "Waarheen
The just died (people) asked the skipper Where-to
(captain)

varen wij?"
sail we

Zacht antwoordde de schipper:
Softly answered the skipper
(captain)

"Naar 't land van de mist aan de overzijde van de
To the land of the mist on the over-side of the
(other side)

zee. Engeland noemen het de mensen. Daar zult u in
sea Angeland name it the people There shall you in

nevelen opgaan."
mists dissolve

"Voor hoelang?"
For how long

"Weet u wat zeven miljoen jaren zijn? Weet u wat
Know you what seven million years are Know you what

zeven honderd miljoen jaren zijn?"
seven hundred million years are

"En dan...?"
And then

"Aan 't einde van de eeuwigheid is het begin van
At the end of the eternity is the beginning of

de nieuwe eeuwigheid!"
the new eternity

In de nevelen van Engeland voer het schip. Schimmen
In the mists of Angeland sailed the ship Shapes

van schemering wachtte hen, en leidden hen in 't
of twilight awaited them and led them in the

geheimzinnig rijk. Werden ze één met de nevel, of
mysterious kingdom Became they one with the mist or

bleven zij toch bestaan binnen de nevel? Eeuwig was
remained they still existent within the mist Eternally was

het stil, en er woei geen klank meer over van
it silent and there blew no sound (any)more over from

Zeeland, waar de levenden wonen. Als
Sealand where the living live As
(South-Westernmost Dutch Province)

in een bos, waar, wanneer de nacht nabij is, iedere
in a forest where when the night close is every

klank bevreemding wekken, waren zij tezamen.
sound alienation wakes up were they together

Hoelang? Wie meet de tijd in de eeuwigheid?
How long Who measures ~~the~~ time in ~~the~~ eternity

Het was de doden alsof ze slechts even in de
It was (for) the dead as if they only just in the

nevelen hadden vertoefd, maar het was een jaar in
mists had resided but it was a year in

een mensenleven, toen zij de gedaante weer op het
a human life when they the figure again at the

schip zagen toeschrijden. Het schip lag zeilklaar, het
ship saw stride towards The ship lay sail-ready it
(ready to sail)

had **dezelfde** bemanning. De schipper stond op het dek,
had the same crew The skipper stood on the deck
(captain)

de stuurman aan het roer. Weer gleed het schip over
the helmsman at the rudder Again glided the ship over
(floated)

de zee.
the sea

Als een jaar geleden, zeilden zij over de zee, geen
As a year ago sailed they over the sea no

golven raakten het schip, geen ander vaartuig ontweken
waves touched the ship no other vessel avoided

zij. Zelfs door de branding, in bruisend, brekend
they Even through the surf in foaming breaking

water, gleden ze ijl, en zonder schok kwamen zij
water glided they thin and without shock came they
(floated)

aan land.
to land

"Volg uw weg," sprak de schipper.
Follow your road spoke the skipper
(captain)

Teerder dan een damp, die bij het overvloeien van
More fragile than a damp which at the flowing over from

de ochtend in de volle dag het laatst op de akker
the morning into the full day the last on the field

blijft (even voordat het zonlicht ze verenigd met de
remains just before the sunlight her unites with the

rest van de atmosfeer) sluierde de nevel van de
rest of the atmosphere) veiled the mist of the

boodschapper van de dood langs de dingen des
messenger of ~~the~~ death past the things of the

levens. Het gaf niet, of het dag of nacht was.
life It gave not, whether it day or night was.
(mattered)

Weer ging de gedaante langs de huizen. Soms bleef
Again went the figure along the houses Sometimes stayed

ze wachten, en haar hand raakte de ruiten aan,
she to wait and her hand touched the windows ~~on~~

zonder te kloppen. De gedaante ging verder, totdat ze
without to knock The figure went further until she

voor het huis van de man stond, die vorig jaar niet
before the house of the man stood, who last year not

sterven wilde. Als een ijle vochtige mist die over het
die wanted As a thin moist mist that over the

glas van het raam kruipt keek ze naar binnen.
glass of the window creeps looked she ~~to~~ inside

De man die niet wilde sterven en zijn jonge vrouw
The man who not wanted to die and his young wife

zaten bij de wieg van een kind, en de jonge moeder
sat at the cradle of a child, and the young mother

neuriede een lied. De man had zich voorovergebogen,
hummed a song The man had himself bent forward

om	't	gezicht	beter	te	zien.	Daarna	klopte	de
for	the	face	better	to	see	There-after	knocked	the

gedaante	op	het	raam,	onbewogen,	het
figure	on	the	window	unmoved	it

maakte	haar	niet	uit	of	de	geroepene	gelukkig	of
made	her	not	out	whether	the	called one	happy	or

mattered not to her

ongelukkig	was:	de	dood	riep	hem.
unhappy	was	~~the~~	death	called	him

De	man	stond	snel	op.
The	man	stood	quickly	up

"Wat	is	er?"	vroeg	de	jonge	vrouw	verschrikt:
What	is	there (it)	asked	the	young	woman	frightened

"Niet	dit	jaar,	niet	dit	jaar.	Ik	kan	dit	jaar	nog	niet
Not	this	year	not	this	year	I	can	this	year	yet	not

gemist	worden.	Ik	ben	gelukkig,	neem	een	ongelukkige
missed	become	I	am	happy	take	an	unhappy one

voor	mij	in	de	plaats."
for	me	in	~~the~~	stead

Weer	voelde	de	man	een	hevige	pijn,	alsof	de	dood
Again	felt	the	man	a	severe	pain	as if	~~the~~	death

de	ziel	uit	zijn	lichaam	probeerde	te	trekken,	en	van
the	sould	from	his	body	tried	to	pull	and	from

alle kanten hoorde hij de klagende stemmen van de
all sides heard he the complaining voices of the

gestorvenen:
died ones

"Neem weg die smart. Breng hem bij ons."
Take away that pain Bring him to us

"Kom!" beval nu de gestalte de man. "Ga mee. Je
Come ordered now the figure the man Go along You

bent de dood vervallen."
are the death fallen to
belong to death

"Nee, nee!" kreet de koppige man in angst, "kom het
No no cried the stubborn man in fear come the

volgend jaar terug. Dan zal ik u zeker volgen."
next year back Then shall I you surely follow

"Wat is er toch?" riep de jonge moeder bang.
What is there indeed asked the young mother afraid
What's happening

"Tegen wie praat je?"
Against who talk you
Who are you talking to

"Stil ... stil ... het gaat voorbij. Dit jaar niet. Het
Quiet quiet it goes by This year not The

volgende jaar."
next year

De andere doden en de gedaante schreden voort. Bij
The other dead and the figure strode on To

hen voegden zich meer schimmen van deze nacht.
them added themselves more shadows of this night

Het Dodenschip lag klaar. Het was als altijd.
The Ship of the Dead lay ready It was as always

Weer werden de nieuw gestorvenen in de nevelen
Again became the newly died in the mists
(were)

opgenomen, en ze herinnerden zich niets meer
taken up and they remembered themselves nothing (any)more
(dissolved)

van wat er was geschied. Het leven was niet voor
from what there was happened The life was not before
happened before Life

en niet achter hen. Er was geen tijd geweest, en
and not behind them There was no time been and
had been no time

er zou geen tijd komen. Als in een diepe droom
there would no time come As in a deep dream

was hun geest gezonken, doch nog peillozer. Als
was their spirit sunk but even more measureless If
(more bottomless)

het leven al een droom is, wat voor een droom
the life already a dream is what for a dream
(kind of)

is dan de dood?
is then ~~the~~ death

Een jaar in mensenland was weer voorbijgegaan, en
A year in human-land was again passed and

opeens, als schrokken alle nevelen wakker, hoorde men
suddenly as startled all mists awake heard one
(they)

duidelijk 't geluid van een menselijke stem in het
clearly the sound of a human voice in the

land van de doden doorklinken:
land of the dead sound through

"Laat mij nog één jaar leven," en tegelijkertijd
Let me still one (more) year live and at the same time

voelden ze een hevige pijn, alsof hun een deel van
felt they a severe pain as if them a part of

henzelf, een deel van de mist werd ontzegd, en de
themselves a part of the mist became denied and the
(was)

stemmen van de doden antwoordden klagend:
voices of the dead answered complaining

"Breng hem hier. Laat hem niet leven."
Bring him here Let him not live

Maar het ging voorbij, en de man volgde ook dit
But it went past and the man followed also this

keer niet de dood. Hoeveel malen dit zich herhaalde?
time not the death How many times this itself repeated

Hoeveel malen hoorden zij dit:
How many times heard they this

"Ik ben gelukkig! Laat mij niet in 't geluk sterven."
I am happy Let me not in the happiness die

Na wat mensen tien jaren noemen, werd de nevel
After what people ten years call became the mist
(was)

weer wakker gemaakt, en nogmaals voer het Schip
again awake made and still-times sailed the Ship
woken up (yet again)

der doden van Engeland, het rijk van de mist,
of the Dead from Angeland the kingdom of the mist

over de zee. De schipper zei niets, nadat zij bij
over the sea The skipper said nothing after that they at
(captain)

het land waren gekomen. De gedaante wist, wat ze
the land were come The figure knew what they

moest doen, en ze gleed het strand op, in de
must do and she glided the beach up in the
up on the beach

richting van het huis, waar de man woonde. Deze
direction of the house where the man lived This (one)

72

stond buiten zijn huis, in diepe gedachten, alsof hij
stood outside (of) his house in deep thoughts as if he

voelde dat de dood weer voor hem kwam.
felt that ~~the~~ death again for him came

"Dit jaar zal ik evenals vorig jaar weer geroepen
This year shall I just like last year again called

worden. Het zal nu ook mijn tijd niet zijn .... Ik
become It shall now also my time not be I

zal wel weer het medelijden weten op te wekken.
shall surely again the pity know up to wake
to evoke

Het is nu, dat ik in zorg verkeer, want mijn zoon
It is now that I in worry am because my son

moet een ambacht leren, en voor die tijd mag ik
must a profession learn and before that time may I

niet sterven. Wie zou voor de jongen zorgen, als hij
not die Who would for the boy care if he

zonder vader was?"
without father was

De doden in het land der nevelen hoorden zijn stem
The dead in the land of the mists heard his voice

overwaaien in de wind. Het was weer tijd om de
blow over in the wind It was again time for the

mensen te oogsten, en in de schemer van het leven
people to harvest and in the twilight of the life

73

is dat met de dood verbonden. Hun stemmen
is that with ~~the~~ death connected Their voices
(it)

antwoordden klagelijk:
answered plaintive

"Je weet niet, wat je wacht. Het
You know not what you await It

moet de laatste maal zijn geweest, dat je het leven
must the last time be been that you the life
must have been the last time

kon houden. Er zijn al zoveel anderen
could keep There are already so many others

voor jou in de plaats gedood. Jij behoort niet meer
for you in the place killed You belong not (any)more
in your place

in het licht, in de nevel is je woning."
in the light in the mist is your residence

De man hoorde de stemmen niet, hij wist niet, dat
The man heard the voices not he knew not that

iets tegenover zijn onnatuurlijk verlengde leven
something opposite his unnaturally lengthened life
(in exchange)

stond, en hij ging voort te denken:
stood and he went forth to think
continued

"Ik durf niet te denken, wat er gebeurd zou zijn,
I dare not to think what there happened zould be

wanneer ik voor deze tijd was gestorven. Dan waren
when I before this time was died Than were
(had)

74

mijn vrouw en kind alleen in zorgen achtergebleven,
my wife and kid alone in worry behind remained

en niemand hier was zo barmhartig geweest,
and nobody here was so merciful been
would have been so merciful

om hen te helpen. Nog veel jaren moet ik leven,
for them to help Still many years must I live
to help them

misschien over twintig, dertig jaar kan ik hier gemist
maybe over twenty thirty year(s) can I here missed
(in)

worden. En dan nog... Nee! ik wil wachten, tot ik
become And then even No I want to wait until I

echt oud ben, en het leven me een last is. Voor
really old am and the life me a burden is Before

die tijd niet, voor die tijd niet."
that time not before that time not

Zijn jonge vrouw kwam naar buiten met hun zoon en
His young wife came ~~to~~ outside with their son and

gingen op het bankje voor het huis zitten. De
went on the little bench before the house sit The

oudere man bleef staan alsof hij op wacht stond,
older man remained standing as if he on guard stood

en tuurde over het land. Ze spraken over de
and peered over the land They spoke about the

onbelangrijke dingen, die van het leven zijn. Het
unimportant things that of the life are The
belong to life

zonlicht blonk over de wegen en het land, met
sunlight glimmered over the roads and the land with

75

blijdschap	wezen	zij	elkaar	op	de	rijke	oogsten,
happiness	pointed	they	each other	at	the	rich	harvests

welke	te	verwachten	waren,	van	graan	en	vruchten.
which	to	expect	were	of	grain	and	fruits

"Wanneer	het	vannacht	regenen	zal,"	zei	de	vader,
When	it	tonight	rain	will	said	the	father

"mogen	wij	wel	het	allerbeste	hopen."
may	we	surely	the	all-best	hope (expect)

"Er	is	daarop	geen	kans,"	meende	de	jonge	moeder.
There	is	there-on	no	chance	believed	the	young	mother

There's no chance at that

"Er	zweeft	geen	wolkje	aan	de	lucht."
There	floats	no	little cloud	on	the	air (sky)

"Het	gebeurt	meer,	dat	er	dan	toch	onweer
It	happens	more	that	there	then	still	un-weather (a thunderstorm)

komt,	men	zegt	wel	eens	uit	een	onbewolkte	hemel."
comes	one (they)	say	well (indeed)	once	from	a	unclouded	heaven (sky)

"Kom	vader!",	zei	de	jongen,	"dat	zal	wel	nooit
Come (Oh)	father	said	the	boy	that	will	surely	never

gebeuren."
happen

De man antwoordde niet. Hij staarde voor zich uit.
The man answered not He stared in front of himself ~~out~~

Toen zag de man, dat in de verte de avond kwam.
Then saw the man that in the distance the evening came

Het zonlicht aan de horizon werd mat rood gesluierd,
The sunlight on the horizon became faded red veiled

een huivering beefde door het graan, en het groen
a shiver trembled through the grain and the green

der bomen werd donkerder, ervoor was een violette
of the trees became darker before it was a violet

tint.
hue

"Onweer zal er niet komen," zei de jongen.
Un-weather will there not come said the boy
(A thunderstorm)

Ze zwegen allen.
They were silent all (of them)

Langzamerhand begon de avond lucht en aarde te
Slowly began the evening sky and earth to

omvatten. Was er ginder een weg geweest, waaraan
embrace Was there over there a road been where-on
Hadn't there been a road over there (on which)

bomen stonden? Even nog geleden was de zon een
trees stood Just yet past was the sun a

vuurbol, nu was er slechts nagloeien van de
fireball now was there only afterglowing of the
(fiery ball)

ontzaglijke gloed, en voor het overige was 't al
incredible glow and for the rest was it already

grauw aan de horizon. Ook het graan, ook de
gray on the horizon Also the grain also the

boomgaard, ook de sloten, ook de molen werden door
tree-garden also the ditches also the mill became by
(orchard) (was)

nevels van schemer omhuld, het leek, of alles
mists of dusk surrounded it seemed (as) if everything

verder werd gezet dan het in de dag had gestaan,
farther became put (back) than it in the day had stood

verdwijnende.
disappearing

Het ogenblik kwam, dat de man de gedaante zag
The moment came that the man the figure saw

schrijden, schrijdend door het koren, met rustige
stride striding through the grain with calm

schreden, als iemand, die haar plicht vervult. Ze kwam
strides as someone who her duty fulfills She came

rechtstreeks naar de man, die niet sterven wilde. Ze
straight to the man who not die wanted She

liep niet naar het venster, om daar te kloppen. Ze
walked not to the window for there to knock She

bleef staan, waar de man stond, en ze sprak in
remained standing where the man stood and she spoke in

mensentaal, en met mensenstem, zodat ook zijn jonge
human language and with human voice so that also his young

vrouw en hun zoon haar beiden verstonden.
wife and their son her both understood

"Bent u bereid?" vroeg ze zacht en mild.
Are you prepared asked she soft and mild

"Nog één jaar."
Still one year

"Bent u bereid?"
Are you prepared

"Ik moet voor mijn zoon en mijn vrouw zorgen."
I must for my son and my wife care
take care of my son and my wife

"Dat hoeft niet meer," zei ze streng.
That is needed not more said she severely
You don't need to anymore

Een bliksemstraal laaide langs de hemel, schoot naar
A lightning beam flamed along the sky shot to

de aarde, en doodde de jongen en zijn moeder. De
the earth and killed the boy and his mother The

vader was ongedeerd. Twee doden volgden de gedaante.
father was unharmed Two dead followed the figure

79

Achter hen klonk de wanhopige kreet van de man
Behind them sounded the desperate cry of the man

die bij de lichamen van zijn geliefden zat. "Laat mij
who with the bodies of his loved ones sat. Let me

nu ook sterven. Neem mij nu ook mee."
now also die Take me now also along

"Kom," fluisterde de gedaante tegen de net gestorvenen.
Come whispered the figure to the just died

"Het schip en het rijk der nevelen wachten ons.
The ship and the kingdom of the mists await us

Over dertig jaar kom ik bij hem terug. Dertig jaar
Over thirty years come I at him back Thirty years
(In)

heeft hij nog te leven."
has he still to live

Het Vrouwtje van Stavoren

Het Vrouwtje van Stavoren
The Little Woman of Stavoren
(Old Woman)

Het was in de zomer, en alles was rijk aan kleur
It was in the summer and everything was rich on color
(of)

en vreugde. Er was zonlicht over de zee, zover
and pleasure There was sunlight over the sea so far
(as far as)

men zien kon. Golven van zonlicht dansten met
one see could Waves of sunlight danced with

elkaar, en ze zetten hun spel voort tot ver in de
each other and they put their game forth up to far in the
continued their game

haven van Stavoren: wie kon denken, dat het dezelfde
harbor of Stavoren who could think that it the same

golven waren, die boosaardig in de winter, tuk op
waves were which maliciously in the winter eager on
(for)

buit, de vlakke streek bedreigden? De schepen deinden
spoil(s) the flat region threatened The ships bobbed

mee in de blije wieging van de zee, en ook hun
along in the gay swaying of the sea and also their

wimpels wapperden op dezelfde maat.
pennants fluttered on the same rhythm

Waren (Were) **het** (it) **de** (the) **moedige,** (bold) **grote** (big) **schepen,** (ships) **die** (which) **naar** (to) **de** (the)

verte (distance) (far away regions) **voeren,** (sailed) **naar** (to) **de** (the) **landen** (lands) **van** (of) **de** (the) **Denen,** (Danes) **van** (of)

de (the) **Noren,** (Norse) **naar** (to) **de** (the) **steden** (cities) **van** (of) **de** (the)

Hanze, (Hanseatic League) (cities that formed a merchant league) **diep** (deep) **in** (in) **het** (the) **Duitse** (German) **land,** (country)

onvervaard (fearless) **tegen** (against) **storm** (storm) **en** (and) **rovers?** (robbers) **Ernstig** (Serious) **was** (was) **immers** (indeed)

hun (their) **taak,** (task) **ze** (they) **brachten** (brought) **de** (~~the~~) **rijkdom** (wealth) **aan** (to)

hun (their) **aller** (all of) **meesteres,** (mistress) — the mistress of them all — **de** (the) **vrouwe** (lady) **van** (of) **Stavoren.** (Stavoren) **Háár** ((To) Her)

behoorde (belonged) **de** (the) **zee.** (sea) **Het** (It) **was** (was) **echter** (however) **niet** (not) **háár** (her) **wil,** (wish) **dat** (that)

de (the) **wereld** (world) **op** (on) **deze** (this) **zomerdag** (summer day) **een** (a) **feest** (feast) **was** (was) **en** (and) **niet** (not)

ter (to the) **ere** (honor) **van** (of) **háár** (her) **dansten** (danced) **de** (the) **statige** (solemn) **schepen.** (ships)

De (The) **kinderen** (children) **stoeiden** (romped) **in** (in) **de** (the) **straten.** (streets) **Ze** (They) **speelden** (played)

haasje (little hare) **over,** (over) — leapfrog — **en** (and) **ze** (they) **sprongen** (jumped) **in** (in) **rijen,** (rows) **lieten** (let) **elkaar** (each other)

nu (now) **eens** (-a time-) **los,** (loose (go)) **voegden** (added (moved)) **zich** (themselves) **dan** (then) **aaneen,** (together) **drongen** (pressed)

naar een onbekend doel, en verspreidden zich
to an unknown target and separated themselves

ineens lachend van elkander. Het leek, of zo de
suddenly laughing from each other It seemed if so the
(like that)

golven van de zee hun spel binnen de stad
waves of the sea their game within the city

voortzetten.
continued

De zomerdag was zelfs in de huizen. Het zonlicht liet
The summer day was even in the houses The sunlight let

zich niet buitensluiten, het sloop langs reet en spleet,
itself not shut out it crept along crack and crevice

over riet en hout, tot het zich spreidde in het
over reed and wood until it itself spread in the

binnenste van de woning. Wat wist het van beletselen?
interior of the residence What knew it of obstacles

Waar het bijna nog nooit was geweest, in de kamers
Where it almost yet never was been in the rooms
(had)

van de vrouwe van Stavoren was het met zacht
of the lady of Stavoren was it with soft

fluwelen geweld gedrongen.
velvety violence pushed (in)

Hoog	en	eenzaam	zat	zij	op	haar	stoel,	de	vrouwe
High	and	lonely	sat	she	on	her	chair	the	lady

van	Stavoren.	Ze	lette	niet	op	de	geluiden	buiten,
of	Stavoren	She	let	not	on	the	sounds	outside
			paid no attention to					

noch	op	het	zonlicht,	dat	blank	aan	haar	voeten	lag.
neither	on	the	sunlight	that	white	on	her	feet	lay

Ze	staarde	voor	zich	uit,	en	leefde	in	haar	eigen
She	stared	before	herself	~~out~~	and	lived	in	her	own

gedachten:
thoughts

Morgen	zouden	haar	schepen	uitvaren,	alle	vijf.	Het
Tomorrow	would	her	ships	sail out	all	five	It

zou	maanden	duren	tot	zij	zouden	terugkeren;	maar
would	months	last	until	they	would	turn back	but
		(take)	(before)			(return)	

ook	die	tijd	moest	komen.	Dan	zou	ze	haar	goudgeld
also	that	time	must	come	Than	would	she	her	gold money

niet	meer	kunnen	tellen.	Ze	zou	het	verbergen	op
not	(any)more	be able	to count	She	would	it	hide	on

verscholen	plaatsen,	opdat	begerige	ogen	het	niet
hidden	places	so that	greedy	eyes	it	not

konden	vinden.	Wie	zou	dan	rijker	zijn	dan	zij?
could	find	Who	would	then	more rich	be	than	her
(would be able to)								

Hierover **dacht** **de** **vrouwe** **van** **Stavoren** **op** **deze** **dag,**
Here-about thought the lady of Stavoren on this day
(About this)

terwijl **haar** **schepen** **wiegelden** **in** **het** **zonnelicht.** **Ze**
while her ships swayed in the sunlight She

haatte **de** **vreugde,** **die** **alom** **was,** **het** **spel,** **dat** **ze**
hated the happiness that all around was the game(s) that she

niet **verhinderen** **kon.** **Hoog** **en** **eenzaam** **zat** **ze.** **Doch**
not impede could High and lonely sat she But

plotseling **geschiedde** **er** **iets** **buiten** **op** **straat.**
suddenly happened there something outside on (the) street

Er **was** **kinderlachen** **geweest** **van** **de** **vroege** **morgen**
There was children's laughing been from the early morning
had been laughing of children

en **'t** **hield** **eensklaps** **op.** **Het** **vervloeide** **niet,** **het**
and it held suddenly on It poured away not it
suddenly stopped (faded away)

stierf **niet** **weg** **...** **het** **stiet** **aan** **tegen** **de** **stilte.** **Ja,**
died not away it struck ~~on~~ against the silence Yes

inééns **was** **het** **doodstil,** **terwijl** **het** **zonlicht** **bleef.**
suddenly was it deathly silent while the sunlight remained

Het **was** **niet** **de** **stilte** **vóór** **naderend** **onweer,** **of**
It was not the silence before (an) approaching un-weather or
(thunderstorm)

vóór **de** **storm,** **die** **zijn** **zwarte,** **zware** **wolken** **aan** **de**
before the storm which its black heavy clouds on the

glanzende **horizon** **doet** **rijzen.** **Niets** **van** **schaduw** **was**
glistening horizon makes rise Nothing of shade was

er **en** **de** **vrouwe** **van** **Stavoren** **hief** **verwonderd** **'t**
there and the lady of Stavoren rose surprised the

hoofd.
head

Toen klopte ze op de tafel, en nòg eens, ongeduldig.
Then knocked she on the table and yet once impatiently
once again

De dienstmaagd stond voor haar.
The service-maid stood before her
(maid)

"Ga zien, wat op straat is, Margriet, en breng me
Go see what on (the) street is Margriet and bring me

het nieuws."
the news

Weer zette ze zich recht, en ze wilde haar
Again set she herself straight and she wanted her
straightened she herself

gedachten weer in het eerdere patroon laten
thoughts again in the earlier patterns let

terugkeren. Eens zouden haar schepen terugkomen, alle
return Once would her ships come back all

vijf... En 't goud... Haar blik wendde zich naar een
five And the gold Her glance turned itself to an

andere richting. Was daar niet zo-even zonlicht aan de
other direction Was there not so-a bit sunlight on the
(Had) (just now)

wand geweest? Zou toch onweer dreigen? Hoe
wall been Would yet (a) thunderstorm threaten How

stil was de stad. Margriet zou dadelijk wel terug
silent was the town Margriet would soon surely back

zijn... Misschien was er een nieuw schip in de
be Maybe was there a new ship in the

86

haven! Een zeil was in de verte gezien, dat men
harbour A sail was in the distance seen that one
had been seen in the distance

niet kende? Gingen vreemde zeevaarders aan land? Of
not knew Went strange sea-farers on land Or

zou er iets met haar eigen schepen...?
would there something with her own ships...

Ze klemde haar hand vast om 't hout.
She gripped her hand tight around the wood

Nee, dat zou niet mogelijk zijn. En toch...
No that would not possible be And yet

Nee, op deze stille zomerdag kon in de haven van
No on this silent summer day could in the harbour of

Stavoren geen schip vergaan!
Stavoren no ship perish

En toch...?
And yet

Wanneer de vijf vaartuigen weer... zou zij de rijkste...
When the five vessels again would she the richest

Waar bleef Margriet?
Where remained Margriet
What kept

Het zonlicht was zo-even niet op de wand geweest,
The sunlight was just now not on the wall been
(had)

wel aan haar voeten, waar 't nu ook lag.
indeed at her feet where it now also lay

Waarom wilden haar gedachten niet terugkeren?
Why wanted her thoughts not return

Angstig keek zij om zich heen. Ze stond op van
Fearfully looked she around herself ~~to~~ She stood up from

haar stoel, en ging de kamer uit. Ze werd naar de
her chair and went the room ~~out~~ She became to the

stille straat gedreven.
silent street driven
(pushed)

Niemand zag ze. Geen geluid hoorde ze. Onbewegelijk
Nobody saw she No sound heard she Unmoving

was 't felle zonlicht.
was the bright sunlight

Haar bloed woog zwaar in haar willoos lichaam, en
Her blood weighed heavily in her willless body and

als een sterke band voelde ze de angst om haar
as a strong band felt she the fear around her

brein. Stap voor stap naderde ze de haven... Wanneer
brain Step for step approached she the harbor When
           (after)

haar schepen?
her ships

Niets was er gebeurd. De schepen wiegelden in het
Nothing was there happened The ships swayed in the
         had

zonnelicht, zacht speelden de golfjes, het zonlicht was
sunlight softly played the waves the sunlight was

over de zee, en niet één klein, wit wolkje zweefde
over the sea, and not one little white small cloud floated

aan de strak blauwe lucht.
on the tight blue sky
       (clear)

Ze bemerkte, dat allen uit de stad zich tezamen
She noticed that all from the town themselves together

drongen, en trots liep ze naar het volk, de vrouwe
pressed and proud walked she to the people the lady

van Stavoren, die geen vrees hoefde te kennen. Ze
of Stavoren who no fear needed to know She

sprak slechts enkele woorden: "Ga opzij," en allen
spoke only (a) few words: Go aside and all

maakten voor haar plaats.
made for her place
              (room)

Een in lompen gehulde man zag zij. Hij lag neer op
An in rags wrapped man saw she He lied down on

de grond, van honger en uitputting bijna bewusteloos.
the ground of hunger and exhaustion almost unconscious

Zijn voeten waren bloot, en straaltjes bloed liepen
His feet were bare and small rays (of) blood ran

uit 't gepijnigde vlees. Om zijn magere, doodswitte
out (of) the tortured flesh Around his skinny dead-white

benen was nauwelijks nog een gerafelde broek. Doch
legs was hardly still a frayed pants But

't vreselijkst om te aanschouwen waren zijn handen,
the most terrible for to look at were his hands

die lang gestrekt waren. Het geraamte schemerde er
which long stretched were The skeleton faintly shone there

als een schaduw doorheen. Zijn mond was iets
as a shadow though His mouth was a little

geopend: de tanden stonden los in 't bleke vlees.
opened the teeth stood loose in the pale flesh

Kin en wangen waren diepe kuilen, hoog staken de
Chin and cheeks were deep pits high stuck the

jukbeenderen er boven.
jawbones there over
           above them

Er was geen vreeswekkender armoede dan de zijne.
There was no more fearful poverty than the his

Iedereen keek naar de vrouwe van Stavoren, wat zou
Everyone looked at the lady of Stavoren what would

zij nu denken?
she now think

Natuurlijk zou ze enige lieden roepen, die de man
Of course would she some fellows call who the man

naar haar huis moesten dragen. En zelf zou ze hem
to her home must carry And self would she him

weer opknappen, en hem reisgeld geven, wanneer hij
again revive and him travel money give when he

verder trekken wilde. Zijn gekneusde voeten zou ze
further journey wanted His bruised feet would she

met schoon linnen omzwachtelen, zijn verteerde
with clean linen wrap his emaciated
(bandage)

ledematen kleden, en ze zou blij zijn, dat zij de
members dress and she would happy be that she the

arme man had gered.
poor man had saved

Waarom bleef haar trotse mond gesloten?
Why remained her proud mouth closed

De man richtte zich iets op, en keek naar haar.
The man directed himself a bit up and looked at her
got up a little

Zijn ogen... Hoe ze staarden naar de rijke vrouwe,
His eyes How they stared at the rich lady

die	slechts	één	woord	had	te	spreken,	en	de	Dood
who	only	one	word	had	to	speak	and	~~the~~	Death

was	verjaagd!	Nimmer	voor	die	tijd	had	men	geweten,
was	chased away	Never	before	that	time	had	one (they)	known

dat	ze	zó	machtig	was.	Ze	kon	de	Dood	verdrijven,
that	she	so	powerful	was	She	could	the	Death	drive away

wanneer	ze	dit	verlangde.
when	she	this	desired

Men	wachtte	op	haar	milde	troost.
One (The people)	waited / awaited	on	her	mild	consolation

En	toen	begon	de	man	te	spreken.
And	then	began	the	man	to	speak

"Help	mij,"	zo	smeekte	hij.	Met	moeite	wendde	hij
Help	me	so	begged	he	With	trouble	turned	he

zich,	hij	knielde,	en	strekte	zijn	magere	armen	naar
himself	he	kneeled	and	stretched	his	skinny	arms	towards

haar	uit.	Meer	nog	dan	zijn	woorden,	was	dit
her	~~out~~	More	still	than	his	words	was	this

zwijgend	gebaar	een	bede.
silent	gesture	a	prayer

En geen gestalte in de drom van mensen, die in zijn
And no figure in the crowd of people who in their

afwachtende onbewegelijkheid niet mèt hem smeekte.
waiting immobility not with him begged

Want zij allen voelden, dat alleen de vrouwe van
Because they all felt that only the lady of

Stavoren hem redden kon. Wat was de Dood tegen
Stavoren him save could What was ~~the~~ Death against

haar? Met het uitstrekken van één vinger dreef ze de
her With the out-stretching of one finger drove she ~~the~~
(pointing) (chased)

honger ver buiten de stad! Wanneer zij even
hunger far outside the city When she for a short while

glimlachte, was de armoede in een land verdwenen.
smiled was ~~the~~ poverty in a country disappeared

En men wachtte... Men wachtte bang. Maar de vrouwe
And one waited One waited afraid But the lady
(They)

van Stavoren lette niet meer op de arme man.
of Stavoren let not more on the poor man
did not pay attention anymore

Ze staarde naar de zee... Haar schepen waren nog in
She stared at the sea Her ships were still in

de haven. Morgen al zouden zij zee kiezen. In
the harbor Tomorrow already would they sea choose In
set sail

haar oren klonk het rinkelen van het geld, dat ze
her ears sounded the tinkling of the money that she

winnen zou. Zij voelde haar trots als een bedwelming,
win would She felt her pride as a intoxication
(gain)

een roes van blijde angst; en ze sidderde in haar
a high of happy fear and she shivered in her

kleed van goudbrocaat, vol eerbied voor haar eigen
dress of gold-brocade full (of) reverence for her own

rijkdom. Van de schepen gleed haar blik naar
wealth From the ships slid her glance to

haarzelf, en ze bezag zich, zoals zij stond temidden
herself and she looked at herself like she stood in the middle

van het nederige volk, voor de man,
of the humble people before the man

die zijn handen naar haar uitstrekte. Van verre
who his hands to her out-stretched From afar
who stretched his hands out to her

schenen zijn woorden te komen, zo zwak was zijn
seemed his words to come so weak was his

stem:
voice

"Help mij."
Help me

En van alle zijden druisten de stemmen op haar in:
And from all sides pressed the voices up (to) her in

"Help hem."
Help him

Vleiend bewonderden haar ogen de granaatappelen, de
Flattering admired her eyes the pomegranates the
(Adulatory)

bloemen, de ranken, rijk geweven in haar statig
flowers the vines richly woves in her stately

gewaad. Elke figuur zag zij aan: als in een
garment Each figure saw she on as in a
(looked) (in the face)

wonderschone droom glimlachte ze.
wondrously beautiful dream smiled she

Allen meenden, dat haar milde daad volgen zou. Ze
All believed that her mild deed follow would She

glimlachte zeker om de goede gedachten, en het
smiled surely for the good thoughts, and the

geluk van 't medelijden was in haar hart. Hoe
happiness of the pity was in her heart How
(must be)

zalig zijn zij, die geven mogen. Welk een gave is de
blessed are they who give may Which a gift is the
(What)

rijkdom voor hen, die milddadig zijn.
wealth for those who munificent are

De arme man deed zijn handen zinken.
The poor man did his hands sink
lowered his hands

Het verlossend woord zou nu worden gesproken.
The redeeming words would now become spoken
(be)

Ach! niemand wist, dat ze slechts gelukkig was om
Ah nobody knew that she only happy was for

haar kleed, en dat zij niet had geluisterd naar de
her dress and that she not had listened to the

kreet van de arme. Niemand wist, dat ze alleen
cry of the poor (man) Nobody knew that she only

droomde van een weefsel van granaatappelen, bloemen
dreamed of a weave of pomegranates flowers
(cloth)

en ranken, en dat ze niet begreep, hoe men op haar
and vines and that she not understood how one at her
(they) (for)

goede gaven wachtte.
good gifts waited

Daar zij bleef zwijgen, hief de man met meer
There she remained silent lifted the man with more

moeite zijn armen op. Nog zachter, nog verder klonk
trouble his arms up Still softer still farther sounded

zijn stem:
his voice

"Help mij."
Help me

Het volk zweeg. Wie was het, die beter nog vragen
The people were silent Who was it who better still ask

kon? Vastgeklemd was aller verwachting aan het
could Gripped was everyone's expectation to the

gelaat van de trotse vrouwe.
face of the proud lady

Toen zag ze naar de smekeling. Ze strekte haar
Then looked she at the supplicant She stretched her

hand uit, niet om te geven. Met schrik luisterde
hand out not for to give With fear listened

men naar haar woorden.
one to her words
(the people)

"In Stavoren is geen plaats voor zwervers en
In Stavoren is no place for bums and

bedelaars. Wij hebben geen lieden nodig,
beggars We have no chaps necessary
no need for chaps

die niet werken willen. Maak, dat je weg komt. En
who not work want Make that you away come And
who don't want to work Go away

jullie allemaal! is er geen werk meer in deze
you all is there no work (any)more in this

stad, dat jullie uit je werkplaatsen rennen?"
city that you from your work-places run
(workshops)

Geen	kracht	had	de	arme,	zijn	handen	te
No	power	had	the	poor (man)	his	hands	to

doen	zinken.	Zijn	hoofd	bleef	naar	haar	gericht,	en
do	sink	His	head	remained	to	her	directed	and
	lower							

het	leek,	of	hij	haar	bleef	smeken.	Roerloos	was	het
it	looked	(as) if	he	her	kept	begging	Immobile	was	the

volk,	de	mannen	zelfs	van	haar	schepen.
people	the	men	even	from	her	ships

"Niemand	hoeft	te	helpen,	want	het	kwade	voorbeeld
Nobody	needs	to	help	because	the	bad	example

zal	niet	gegeven	worden	in	Stavoren.	Het	kwade
shall	not	given	be	in	Stavoren	The	bad
		be given					

voorbeeld	is	de	pest,	gaande	van	huis	tot	huis.
example	is	the	plague	going	from	house	to	house

Schaam	je,	jullie	allemaal,	die	het	kwade	voorbeeld
Shame (on)	you	you	all	who	the	bad	example

niet	verjaagt."
not	chases away

Was	er	iemand,	die	iets	mompelde?	Er	was	een
Was	there	somebody	who	something	muttered	There	was (had)	a

stem	geweest,	die	duister	klonk.	Iemand	had	gedreigd.
voice	been	who	dark	sounded	Somebody	had	threatened

De vrouwe van Stavoren richtte zich hoger op, en
The lady of Stavoren directed herself higher up and
raised herself higher

haar ogen, machtiger dan de Dood, zagen van de
her eyes more powerful than ~~the~~ Death looked from ~~the~~

een naar de ander. Zo probeerde ze uit te vinden,
one to the other So tried she out to find
to find out

wie zou hebben gemompeld. Het was slechts een
who would have muttered It was only a

rimpeling van wrok geweest, en in de roerloosheid was
ripple of spite been and in the immobility was

deze al opgelost.
this already dissolved

"Ga weg uit Stavoren," zei eindelijk de vrouwe weer
Go away from Stavoren said finally the lady again

tot de bedelaar, "en weet, dat je hier niet terugkeren
to the beggar and know that you here not return

mag."
may

"Ik ben stervende, geeft me alstublieft een beetje
I am dying give me please a bit (of)

brood!"
bread

Er was een man in de menigte, die naar zijn huis
There was a man in the crowd who to his house

wilde gaan, om het voedsel te halen. De stem van de
wanted to go for the food to fetch The voice of the

vrouwe riep hem.
lady called him

"Blijf hier! Als hij sterven wil, is dit zijn plaats."
Stay here If he die wants is this his place

Toen stond de arme man op. Een wonder geschiedde.
Then stood the poor man up A miracle happened
Then the poor man stood up

Als een jongeling was hij, rank en recht, en zijn
As a young man was he tall and straight and his

stem was als van een ridder, die uitdaagt tot de
voice was as of a knight who challenges to the

strijd. Er was een vlam in zijn ogen, die fel
battle There was a flame in his eyes which fierce

uitschoot naar de trotse vrouwe.
shot out to the proud lady

"Een vloek zij over u."
A curse be over you

Ze deinsde niet terug. Schamper lachte ze.
She shrank not back Disdainful laughed she

"Wie durft mij te vervloeken," en ze strekte haar
Who dares me to curse and she stretched her
(to curse me)

hand uit, en wees naar de vijf schepen, wiegelend in
hand out and pointed at the five ships swaying in

de haven.
the harbor

"Zie je ze daar? Ze zijn van mij."
See you them there They are from me
(belong to)

De bedelaar liep krachtig op haar toe, tot hij vlak
The beggar walked powerfully on her to until he right
(towards her)

voor haar stond. Bijna raakte zijn gelaat het hare.
in front of her stood Almost touched his face the hers

Fluisterend hernam hij, zodat zij alleen het hoorde,
Whispering continued he so that she only it heard

"Ze zijn van de zee, vrouwe van Stavoren. U zult
They are from the sea lady of Stavoren You shall

sterven... armer en ellendiger dan ik zo-even leek..."
die poorer and more miserable than I just now looked

Zwijgend nam zij de ring van haar vinger, en ze
In silence took she the ring off her finger and she

wierp het kleinood in de golven.
threw the jewel in the waves

"Eerder komt die ring terug, ellendige bedelaar, dan
Earlier comes that ring back miserable beggar than
(Rather)

dat uw woorden waar zijn. Ik ben de vrouwe van
that your words true are I am the lady of

Stavoren!"
Stavoren

"Veracht en niet beklaagd," fluisterde hij. "Hoe vreselijk
Despised and not pitied whispered he How terrible

zal uw lot zijn. Bedenk u nog éénmaal."
will your fate be Rethink yourself still once

"Ik heb mij niet meer te bedenken."
I have myself not (any)more to rethink

"Bij Christus-bloed! de ring zal terugkeren."
By Christ-blood the ring will return

Ruggelings viel hij neer, nadat hij dit nog had gezegd.
Backwards fell he down after he this still had said

Zijn magere leden strekten zich recht. De ogen
His skinny members stretched themselves straight The eyes

werden gebroken. De mond sloot zich. Zijn kleren
became broken The mouth closed itself His clothes

waren	**als**	**losse**	**stukken**	**doek,**	**neergesmeten**	**over**	**een**
were	like	loose	pieces	(of) cloth	cast down	over	a

naakt	**en**	**erbarmelijk**	**lijk.**
naked	and	pitiful	corpse

"Keer	**terug**	**naar**	**jullie**	**woningen!"**	**beval**	**de**	**vrouwe**
Turn	back	to	your	houses	ordered	the	lady

van	**Stavoren**	**tot**	**het**	**volk.**	**"Mijn**	**mannen**	**zullen**	**de**
of	Stavoren	to	the	people	My	men	will	the

dode	**in**	**zee**	**werpen.**	**En**	**besef**	**allemaal,**	**dat**	**dit**	**een**
dead	in	(the) sea	throw	And	realize	all (of you)	that	this	an

voorbeeld	**is**	**voor**	**de**	**luiaards.**	**Wie**	**niet**	**werken**	**wil,**
example	is	for	the	lazy characters (slackers)	Who	not	work	wants

heeft	**geen**	**brood,**	**en**	**sterft**	**van**	**de**	**honger."**
has	no	bread	and	dies	of	~~the~~	hunger

Het	**zonlicht**	**was**	**over**	**het**	**bruisende,**	**wijde**	**water.**	**Het**
The	sunlight	was	over	the	frothing	wide	water	The

zonlicht	**was**	**in**	**de**	**straten.**	**Maar**	**de**	**kinderen**	**speelden**
sunlight	was	in	the	streets	But	the	children	played

vandaag	**niet**	**meer,**	**en**	**de**	**stad**	**was**	**dood.**	**In**	**de**
today	not	(any)more	and	the	city	was	dead	In	the

stille	**huizen**	**zaten**	**de**	**mensen,**	**en**	**met**	**wrok**	**in**	**het**
silent	houses	sat	the	people	and	with	spite	in	the

hart	**vervloekten**	**ze**	**hun**	**wrede**	**meesteres.**
heart	cursed	they	their	cruel	mistress

In hare eenzame woning zat de vrouwe van Stavoren.
In her lonely residence sat the lady of Stavoren

De dag ging voorbij, en de avond kwam.
The day went passed and the evening came

In het duister wierp een man, in dienst van de
In the dark threw a man in service of the

vrouwe, het lijk in zee. En de volgende dag
lady the corpse in (the) sea And the following day

voeren alle vijf de schepen af. Het volk van Stavoren
sailed all five the ships off The people of Stavoren
(set)

staarde ze na, en niemand sprak een woord.
stared them after and nobody spoke a word
after them

Toen kwamen nieuwe dagen, de tijd werd volbracht.
Then came new days the time became fulfilled

Het verleden was vergaan en het heden vervloeide in
The past was gone and the present flowed into

de eeuwigheid. De vrouwe van Stavoren was de
the eternity The lady of Stavoren was the
(had)

zomertijd alweer vergeten, en ze dacht aan het
summertime already forgotten and she thought on the
(of)

moment, dat haar schepen zouden terugkeren. Wat was
moment that her ships would come back What was

de vloek van de bedelaar voor háár?
the curse of the beggar for her

De herfst ging immers voorbij, zonder een kwaad
The autumn ~~went~~ indeed passed without a bad

teken? De winter volgde de herfst, en zie, daar kwam
sign The winter followed the autumn and see there came

een koerier uit Hamburg, die vertelde van de goede
a messenger from Hamburg who told of the good

dingen, welke een van de schepen in Hamburg had
things which one of the ships in Hamburg had

geladen. Fel klopte 't hart van de vrouwe, en ze
loaded Fierce beat the heart of the lady and she

gaf de koerier vriendelijke woorden. Toen kwam de
gave the messenger friendly words Then came the

blijde lente, en de uitbundige zomer trad aan in de
happy spring and the exuberant summer stepped ~~on~~ in the

dans van de getijden.
dance of the seasons

Het was op een dag, gelijk van kleur en vreugde als
It was on a day same of color and joy as

een jaar geleden, dat de kinderen weer speelden in de
a year ago that the children again played in the

straten van de stad, en er liederen schalden van
streets of the city and ~~there~~ songs sounded from

wijd en zijd. Het zonlicht was tot diep gezonken in
wide and side The sunlight was to deep sunk in
    all directions

de zee, en drong ver in de huizen.
the sea and pressed far into the houses

Niemand lette op de eenzame man, die op zijn
Nobody let on the lonely man who on his
paid attention to

schouders een grote mand droeg, en langzaam,
shoulders a large basket carried and slowly

schijnbaar doelloos, zijn weg ging. Hij liep langs de
seemingly aimless his way went He walked by the

spelende kinderen, en hij stond stil voor 't huis
playing children and he stood still in front of the house
stopped

van de vrouwe van Stavoren. Hij klopte aan haar
of the lady of Stavoren He knocked at her

deur. Zij zelf deed hem open, en vroeg wat hij
door She herself did him open and asked what he
opened the door for him

wilde.
wanted

"Ik heb een vis gevangen, zo groot, als nog nooit een
I have a fish caught so big as yet ever a
caught a fish

mens heeft gezien. En ik dacht, dat is iets voor
man has seen And I thought that is something for

de rijke vrouwe."
the rich lady

Zij zei:
She said

"Laat die vis aan mij zien, zodat ik
Let that fish to me see so that I
Show me that fish

er over oordelen kan."
there over judge can
can judge it

Hij sloeg 't deksel van de mand op en hoog sprong
He struck the lid of the basket up and high jumped
lifted the lid of the basket

het levende dier, en viel, de wijde bek in
the living animal and fell the wide mouth in

ademnood open, tegen de grond. Zich wringende in
breathlessness open against the ground Itself wringing in

bochten sprong en viel hij weer. Hij mat meer dan
curves jumped and fell he again He measured more than

de lengte van de uitgestrekte armen van een man,
the length of the outstretched arms of a man

gemeten van de uiterste top van middelvinger tot
measured from the extreme top of (the) middle finger to

middelvinger, en zijn kop was bijkans zo groot als de
(the) middle finger and his head was almost as big as the
(its)

breedte van een mannenborst van schouder tot
width of a man's chest from shoulder to

schouder. Als een maliënkolder was zijn sterke,
shoulder As a chainmail was its strong

geschubde lijf, en zijn staart beukte tegen de vloer
scaled body and its tail smashed against the floor

met het geweld van een hamer.
with the violence of a hammer
(force)

107

"Al sinds de morgen worstelt hij zo met de dood,"
Already since the morning wrestles he so with the death

sprak de visser, "en u mag wel een zwaard
spoke the fisherman and you may well a sword

gebruiken, als u hem wilt doen sterven. Dat is
use if you him want do die That is
        want to kill it

voedsel voor u, bijlo! U kunt uzelf er aan
food for you by god You can yourself there on
              (archaic)

vergasten."
treat

Ze wendde haar trotse gelaat naar hem, en sprak:
She turned her proud face to him and spoke

"Deze vis is van mij. Wat de prijs ook is, ik zal u
This fish is of me What the price also is, I shall you
              mine   may be

er voor betalen. Of beter" en ze opende haar beurs,
there for pay Or better and she opened her purse

het goud viel op straat. "Dat is voor u."
the gold fell on (the) street That is for you

Zij kende zichzelf niet weer. Zij voelde, dat zij deze
She knew herself not back She felt that she this
        did not recognize herself

vis moest bezitten. Ze dong niet af, zoals haar
fish must possess She solicited not off as her
                        did not haggle

gewoonte was. Het leek, of een stem in haar
habit was It seemed (as) if a voice in her

108

binnenste **haar** **dwong,** **zich** **van** **het** **koninklijke** **beest**
inner / her / forced / herself / of / the / royal / beast

meester **te** **maken;** **en** **zij** **zelf** **besloot** **het** **wilde**
master / to / make / and / she / herself / decided / the / wild
become the owner

dier **te** **doden.**
animal / to / kill

De **koopman** **droeg** **de** **vis** **naar** **binnen** **en**
The / merchant / carried / the / fish / ~~to~~ / inside / and

haar **keuken** **in,** **en** **liet** **haar** **alleen.** **Niemand** **in** **de**
her / kitchen / into / and / let / her / alone / Nobody / in / the
into her kitchen

stad **had** **gemerkt,** **wat** **voor** **een** **kostbaarheid**
city / had / noticed / what / for / a / costliness
to call out something / (treasure)

ze **had** **gekocht.**
she / had / bought

De **vrouwe** **van** **Stavoren** **nam** **een** **mes** **en** **knielde**
The / lady / of / Stavoren / took / a / knife / and / knelt

neer. **Ze** **wachtte** **niet,** **en** **sneed** **met** **forse** **rukken** **de**
down / She / waited / not / and / cut / with / robust / yanks / the

kop **af,** **en** **opende** **het** **lijf** **van** **de** **zijkant.** **Toen**
head / off / and / opened / the / body / from / the / side / Then

tastte **ze** **diep** **in** **de** **weke** **ingewanden,** **haar** **vingers**
felt / she / deep / inside / the / weak / innards / her / fingers

stoten	tegen	iets	hards,	ze	greep...	In	haar	hand
bumped	against	something	hard	she	grabbed	In	her	hand

hield	ze	een	ring...	Ze	duizelde.
held	she	a	ring	She	dizzied (got dizzy)

Het	was	de	ring,	die	ze	in	zee	had	geworpen...
It	was	the	ring	which	she	in	(the) sea	had	thrown

Ze	staarde	ernaar	in	waanzinnige	angst.	Ze	wilde
She	stared	there-at (at it)	in	mad	fear	She	wanted

iets	roepen...	ze	wilde	zich	verbergen,	ze	wilde
something to call out something	shout	she	wanted	herself	hide	she	wanted

de	ring	van	zich	af	werpen,	doch	deze	vrees	was
the	ring	from	herself	off	cast	but	this	fear	was

nog	machtiger	dan	de	angst	voor	de	dood,	en	ze
still	mightier	than	the	fear	for (of)	~~the~~	death	and	she

moest	kijken	naar	het	goud	in	haar	hand.	Ze	had	de
must	look	at	the	gold	in	her	hand	She	had	the

drang	om	te	vluchten,	en	huilend	liep	ze	naar
urge	for	to	flee	and	weeping	walked	she	~~to~~

buiten,	op	straat,	waar	de	kinderen	speelden.
outside	on	(the) street	where	the	children	played

Het volk stroomde toe en omringde haar. Geen mens
The people flowed to and surrounded her No human
Nobody

naderde. Ze stond alleen in de wijde kring, met haar
approached She stood alone in the wide circle with her

waanzin alleen.
madness alone

"Help mij," kreet ze eindelijk in vertwijfeling. "Al mijn
Help me cried she finally in despair All my

rijkdom voor wie me de ring ontneemt."
wealth for who me the ring takes away
who takes away the ring from me

Niemand had ontferming. Toen wilde ze
Nobody had mercy Then wanted she

de ring van zich af werpen. Het lukte haar niet.
the ring from herself off throw It succeeded her not
to throw away the ring She couldn't do it

Machteloos was ze, als een bedelaar, want haar
Powerless was she as a beggar because her

rijkdom had geen waarde meer. Niemand wilde
wealth had no value (any)more Nobody wanted

haar bijstaan. Zij was vervloekt door haar slechte
her assist She was cursed by her evil
to assist her

daad.
deed

Want	van	haar	vijf	schepen	keerde	er	geen	terug
Because	from	her	five	ships	turned	there	none	back

in	Stavoren.	Ze	wachtte	in	haar	eenzame	huis	op	hun
in	Stavoren	She	waited	in	her	lonely	house	on (for)	their

tijding.	Ze	zag	het	licht	rijzen,	het	duister	dalen,	vele
message	She	saw	the	light	rise	the	darkness	descend	many

malen.	Als	ze	van	straat	hoorde,	dat	er	een	zeil
times	When	she	from	(the) street	heard	that	there	a	sail

was,	aan	de	horizon	van	de	zee,	liep	ze	naar	de
was	on	the	horizon	of	the	sea	walked	she	to	the

haven,	en	alleen	stond	ze.	Maar	nimmer	was	het	een
harbor	and	alone	stood	she	But	never	was	it	a

schip	van	háár.
ship	from	her

Men	vertelt	van	de	vrouwe	van	Stavoren,	dat	haar
One (They)	tell	of	the	lady	of	Stavoren	that	her

geld	slonk.	Iedere	dag	kromde	zich	haar	rug	méér.
money	decreased	Every	day	bent	itself	her	back	more

Een	oud,	hulpeloos	vrouwtje	werd	ze,	met	geel
An	old	helpless	woman	became	she	with	yellow
		little, old, helpless lady					

gerimpeld	vel	en	met	bevende	handen.	Ze	leunde	op
wrinkled	skin	and	with	shaking	hands	She	leaned	on

haar	stok,	als	ze	naar	zee	keek.	En	dit	was
her	stick (cane)	when	she	to	(the) sea	looked	And	this	was

misschien wel haar vreselijkste straf: dat ze hoopte
maybe even her most terrible punishment that she hoped

op de terugkomst van de schepen.
at the return of the ships

Haar oude, moede ogen tuurden naar de eindeloze
Her old tired eyes peered at the endless

verte en de angst van de verwachting omknelde haar
distance and the fear of the expectation gripped her

keel als een strop. Iedere dag strompelde ze
throat as a noose Every day stumbled she
(walked with difficulty)

naar haar huis, denkend: "Morgen zullen ze komen..."
to her home thinking Tomorrow will they come

En zo gingen de dagen voorbij, tot er niets
And so went the days passed until there nothing

meer was in haar woning. Ze verkocht haar huis,
(any)more was in her residence She sold her house

en leefde voortaan in een krot. En toen kwam het
and lived from then on in a hovel And then came the

uur, dat haar laatste duit voor brood was betaald.
hour that her last penny for bread was paid

Steunend op haar stok, en tastend, want bijkans blind
Leaning on her stick and groping because almost blind
(cane)

was ze, ging ze van huis tot huis, bedelend om
was she went she from house to house begging for

barmhartigheid. Ze klopte aan de huizen, het
mercy She knocked on the houses the
(charity) (doors of the houses)

vrouwtje van Stavoren. De deuren bleven voor haar
little woman of Stavoren The doors remained for her
(old woman)

gesloten, en ze betwistte met haar zwakke, bevende
locked and she disputed with her weak shaking

vingers de honden hun voedsel.
fingers the dogs their food

Made in the USA
Las Vegas, NV
22 September 2021

English in Action
Teacher's Guide

Second Edition

Barbara H. Foley

Elizabeth R. Neblett

James W. Brown

HEINLE
CENGAGE Learning

Australia • Brazil • Japan • Korea • Mexico • Singapore • Spain • United Kingdom • United States

**English in Action 1: Teacher's Guide,
Second Edition**
Barbara H. Foley, Elizabeth R. Neblett,
and James W. Brown

Publisher: Sherrise Roehr

Acquisitions Editor: Tom Jefferies

Associate Development Editor:
  Marissa Petrarca

Director of Content and Media Production:
  Michael Burggren

Executive Marketing Manager, U.S:
  Jim McDonough

Product Marketing Manager: Katie Kelley

Sr. Content Project Manager:
  Maryellen E. Killeen

Sr. Print Buyer: Susan Spencer

Cover / Text Designer: Muse Group, Inc.

Compositor: Pre-PressPMG

Text Credits: p. 81 "Chicago" from CHICAGO
  POEMS by Carl Sandburg, copyright 1916 by
  Holt, Reinhart and Winston and renewed
  1944 by Carl Sandburg, reproduced by
  permission of Heinle, Cengage Learning.

For permission to use material from this text or product,
submit all requests online at **www.cengage.com/permissions**
Further permissions questions can be emailed to
permissionrequest@cengage.com

ISBN-13: 978-1-4240-8497-5

ISBN-10: 1-4240-8497-0

Heinle
20 Channel Center Street
Boston, MA 02210
USA

Cengage Learning is a leading provider of customized learning solutions with
office locations around the globe, including Singapore, the United Kingdom,
Australia, Mexico, Brazil, and Japan. Locate your local office at
www.cengage.com/global

Cengage Learning products are represented in Canada by Nelson Education, Ltd.

Visit Heinle online at **elt.heinle.com**

Visit our corporate website at **www.cengage.com**

Printed in the United States of America
2 3 4 5 6   20 19 18 17 16